Follow Me
人人遊日本 ㉑

U0082366

四國

人人出版

目錄 人人遊日本 — 四國

 ## 松山・內子・大洲

 ## 高知・桂濱・室戶

中村・四萬十・足摺

 ## 德島・高松・大步危

鴨隊長

人人遊日本全新系列中負責介紹工作的白鴨，興趣是旅行。在旅途中吃下太多美食而幾乎無法飛行，只能隨興地靠雙腳和搭乘大眾運輸工具悠遊於日本各地。

●住宿設施的價格，是最主要的房型的房費（含稅、服務費）。如果是有附餐的旅館，則標示的是平日2人1室時每個人的最低金額。Ⓢ是單人房、Ⓣ是雙床房，標示的是不含餐的價格。
如果是有溫泉設施的旅館及飯店，原則上會標示含泡湯稅的費用。
●書中的各種費用為含稅的大人費用。
●每家店的休息日期，原則上只標示公休日，有時候會省略掉過年期間、盂蘭盆節等假期，請注意。標示為LO的時間是指最後點餐的時間。
●火車和巴士會有季節等因素而大幅度變更運行時刻和班次的情況，請務必事先確認。
●本書裡的各項資訊均為2022年3月時的資訊。這些資訊和金額可能會有變動，請在出發前加以確認。

鹿野IC 434

廿日市JCT
大野IC
大竹IC

廣島市
廿日市市

東廣島市 山陽自動車道

三原市

尾道市

徳山東IC 376

岩国IC
玖珂IC
熊毛IC

岩国市

31 山陽新幹線

375

竹原市

22 萬翠莊

吳市

23 松山城

大崎上島町○

78 大山祇神社

島波海道

周南市

下松市

光市 188

柳井市 437

屋代島

23 子規堂

瀬戶內海

今治IC

今治

78

74

燧灘

松山自動車道

26 少爺列車

38 道後溫泉

16 松山

今治湯ノ浦IC

新居濱市

周防大島町○

51 內子座

52 八日市護國地區街景

55 上芳我邸

55 本芳我家住宅

伊予灘

60 おはなはん通り

61 臥龍山莊

59 大洲

66 宇和

伊予市

50 內子

378

八幡濱市

佐田岬

69 宇和島城

69 天赦園

69 鬥牛

68 宇和島

197

大洲北只IC

56

西予市

大洲IC

197

東予丹原IC

松山IC

東溫市

川內IC

317

317

11

石鎚山▲

砥部 48

380

內子五十崎IC

愛媛縣

西條市

いよ
小松IC

494

いよ
西条IC

新居濱
IC

高知縣

仁淀川

194

439

伊野
高知IC

西予宇和IC

予土線

320

宇和海

宇和島

四國喀斯特 72

檮原 110

72

80 高知

85 高知城

土讃線

土佐IC

高知市

56

土佐市

須崎東IC

須崎市

85 播磨屋橋

89 YOSAKOI夜來祭

92 週日市集

四萬十町

101 桂

102 坂本龍馬紀念館

118 四萬十川

愛南町○

四萬十川

四萬
十市

439

黑潮町

四萬十町

102 坂本龍馬像

102 桂濱水族館

宿毛市

321

土佐黑潮鐵道中村宿毛線

中村 114

蜻蜓自然公園 116

安並水車之里 116

佐田沉下橋 117

125 龍串

125 見殘

122 足摺岬

［松山］

P.16

MAP 景點索引地圖

在出發前往四國漫遊之前，使用這張地圖，先大致了解
一下區域的大概分布和著名景點的位置。

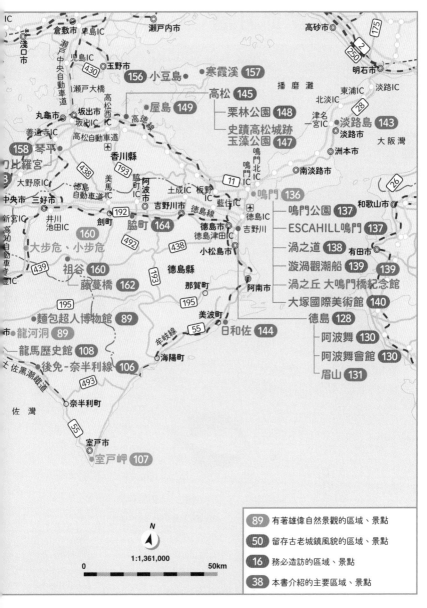

IC
倉敷市 早島IC
瀬戸内市
高砂市
175
淺口市
瀬戸中央自動車道
児島IC
玉野市
2
250
明石市
430
156 小豆島 寒霞溪 157
坂出市 高松 瀬戸大橋
播磨灘
東浦IC 淡路IC
丸亀市 坂出西IC 坂出IC
香川縣
屋島 149
高松 145
北淡IC
津名一宮IC
淡路島 143
姜通寺IC 高松自動車道
栗林公園 148
淡路市
大阪灣
158 琴平
金比羅宮
438
史蹟高松城跡
玉藻公園 147
洲本市
大野原IC
193
脇町IC
阿波IC
鳴門IC
南淡路市
26
中央市 三好市
德島自動車道
土成IC 板野
藍住IC
鳴門 136
和歌山市
新宮高知自動車道
192
吉野川市
德島線
德島IC
吉野川
鳴門公園 137
160 創町
脇町 164
492
德島津田IC
ESCAHILL鳴門 137
大步危、小步危
438
小松島市
渦之道 138
有田市
439
祖谷 160
193
德島縣
漩渦觀潮船 139 139
蔓橋 162
那賀町
渦之丘 大鳴門橋紀念館
195
195
美波町
大塚國際美術館 140
麵包超人博物館 89
牟岐線
55
日和佐 144
德島 128
市 龍河洞 89
阿波舞 130
龍馬歷史館 108
海陽町
阿波舞會館 130
後免-奈半利線 106
土佐黑潮鐵道
493
眉山 131
奈半利町
佐灣
55
室戶市
室戶岬 107

N
1:1,361,000
0 ———— 50km

89 有著雄偉自然景觀的區域、景點
50 留存古老城鎮風貌的區域、景點
16 務必造訪的區域、景點
38 本書介紹的主要區域、景點

[高知]
P.80

[四萬十川]
P.118

[鳴門]
P.136

最佳季節月曆

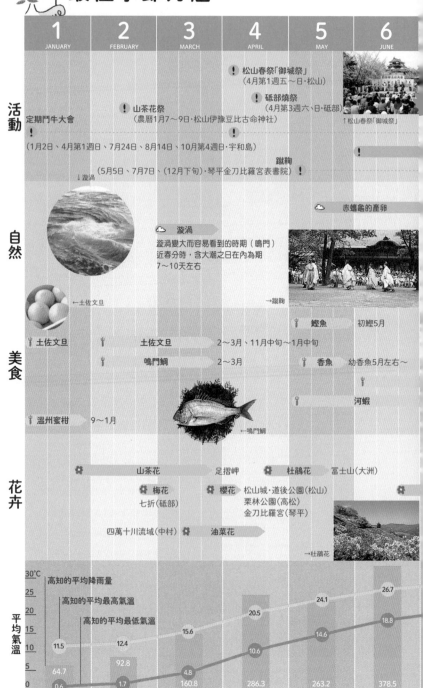

	1 JANUARY	2 FEBRUARY	3 MARCH	4 APRIL	5 MAY	6 JUNE

活動

⚠ 松山春祭「御城祭」
（4月第1週五～日‧松山）

⚠ 砥部燒祭
（4月第3週六、日‧砥部）

⚠ 山茶花祭
（農曆1月7～9日‧松山伊豫豆比古命神社）

↑松山春祭「御城祭」

⚠ 定期鬥牛大會

（1月2日、4月第1週日、7月24日、8月14日、10月第4週日‧宇和島）

⚠ 蹴鞠
（5月5日、7月7日、（12月下旬）‧琴平金刀羅宮表書院）⚠

↓漩渦

自然

☁ 赤蠵龜的產卵

☁ 漩渦
漩渦變大而容易看到的時期（鳴門）
近春分時，含大潮之日在內為期
7～10天左右

←土佐文旦

→蹴鞠

🎏 鰹魚　初鰹5月

美食

🎏 土佐文旦

🎏 土佐文旦　2～3月、11月中旬～1月中旬

🎏 鳴門鯛　2～3月

🎏 香魚　幼香魚5月左右～

🎏 河蝦

🎏 溫州蜜柑　9～1月

←鳴門鯛

花卉

❀ 山茶花　足摺岬　❀ 杜鵑花　冨士山（大洲）

❀ 梅花
七折（砥部）

❀ 櫻花　松山城‧道後公園（松山）
栗林公園（高松）
金刀比羅宮（琴平）

四萬十川流域（中村）❀　油菜花

→杜鵑花

平均氣溫

30℃

高知的平均降雨量

高知的平均最高氣溫

高知的平均最低氣溫

	1	2	3	4	5	6
平均最高氣溫	11.5	12.4	15.6	20.5	24.1	26.7
平均最低氣溫	0.6	1.7	4.8	10.6	14.6	18.8
平均降雨量	64.7	92.8	160.8	286.3	263.2	378.5

※活動等的舉辦日期可能變更，請先至各官方網站等處確認。

7 JULY	**8** AUGUST	**9** SEPTEMBER	**10** OCTOBER	**11** NOVEMBER	**12** DECEMBER

! 日和佐海龜祭 　! 阿波舞(8月12～15日·德島) 　　　　　　　　　　! 大洲浪漫祭(11月3日·大洲)
　(7月中旬·日和佐) 　! YOSAKOI夜來祭 　　! 金刀比羅宮例大祭(10月9～11日·琴平)
　　　　　　　　　(8月9～12日·高知)
　! 吉野川嘉年華會 　　　! 大文字送火 　　　　　　　! 龍馬誕生祭
　　(7月下旬·德島) 　　　　(農曆7月16日·中村) 　　　　　(11月15日·高知)
　! 　　　　 ! 　　　　　　　　　　　　 !

　　　　　　　　　　　　　　　鵜飼(6月1日～9月20日·大洲)

!　　　　　　　　　　　　　　　　　　　　　　　　　　　　　　　　　　　　　　!

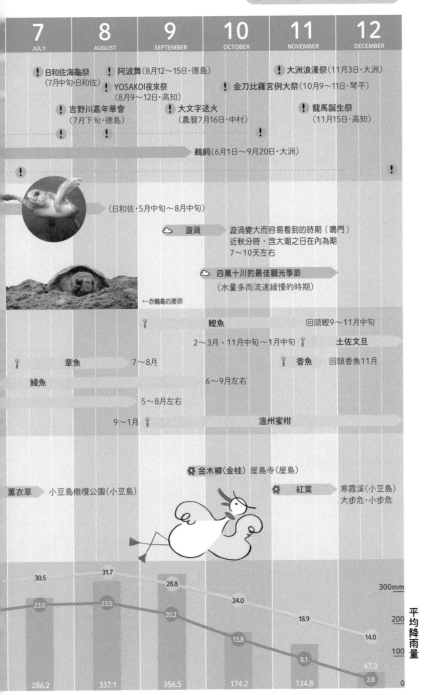

　　　　　　　　　　　(日和佐·5月中旬～8月中旬)

　　　　　　　　☁　渦潮　　渦潮變大而容易看到的時期（鳴門）
　　　　　　　　　　　　　　近秋分時，含大潮之日在內為期
　　　　　　　　　　　　　　7～10天左右

　　　　　　☁　四萬十川的最佳觀光季節
　　　　　　　　（水量多而流速緩慢的時期）

←赤蠵龜的產卵

　　　　　　￥　鰹魚　　　　　　　　回頭鰹9～11月中旬

　　　　　　　2～3月、11月中旬～1月中旬 ￥　土佐文旦

　　　　　　　　　　　　　　　￥　香魚　回頭香魚11月

￥　章魚　　　7～8月

鰻魚
　　　　　　6～9月左右

　　5～8月左右

　　9～1月 ￥　　　　　溫州蜜柑

　　　　　　　　✿　金木樨(金桂) 屋島寺(屋島)

薰衣草　小豆島橄欖公園(小豆島) 　　　　　　✿　紅葉　寒霞溪(小豆島)
　　　　　　　　　　　　　　　　　　　　　　大步危·小步危

	30.5	31.7	28.8	24.0		
23.0	23.5	20.2	13.8	18.9	14.0	300mm
				8.1		200
					47.3	100
286.2	337.1	356.5	174.2	134.8	2.8	0

平均降雨量

河、海、山／沉浸在四國的大自然

照片、撰文／山本直洋

**高知縣
四萬十川**

橫跨在四萬十川上的佐田沉下橋。沉下橋未設欄杆，以便橋在河川漲水時能沉在水中不受破壞。四萬十川含支流在內共有47座沉下橋。

德島縣
日和佐海岸

千羽海崖被指定為室戶
阿南海岸國家公園的特別
保護地區。高度200公尺
的懸崖峭壁綿延長達2公
里，由南阿波Sunline可
以盡收眼底。

愛媛縣
石鎚山脈

屬於四國山地西部石鎚山脈的瓶之森海拔1896公尺,是日本三百名山、四國百名山之一。位置在石鎚山以東約8公里,交通便捷,登山客也多。

受到弘法大師鐘愛,
對四國大自然的敬畏

由神戶前往四國,是由明石海峽大橋經過淡路島,再經過大鳴門橋。厚重而綿長的橋梁,堪稱人類智慧的結晶。拜此等恩惠所賜,乘車就可以輕鬆進入四國。

行駛在四國,沿路都看得到朝聖的人(遍路)。在豐富的大自然裡步行朝聖,是否就可以看到過往弘法大師看過的景色呢?不管了,視線移往窗外,看看遠古以來不曾改變的山、河、海⋯⋯的確,光是置身其中就有心靈受到洗滌的感覺。

之所以還留有這麼多大自然,應當是四國人們守護著景觀的證據。看著看著就想到,下次再來四國時,就該步行走過弘法大師朝聖的路線,好好享受未經修飾的大自然。

山本直洋
(やまもと・なおひろ)
主要從事使用動力飛行傘進行空拍攝影的攝影師。以「Earthscape」為主題,不斷地拍攝感受得到地球存在的主題照片。也從事電視、廣告、電影等的空拍動畫攝影活動。
http://www.naohphoto.com

包廂臥鋪列車的舒適旅程

搭乘日出瀨戶
享受四國之旅

悠然入眠，醒來時已在瀨戶大橋

從出發地前往目的地，移動的時間也是旅行的一大樂趣。日出特快（サンライズエクスプレス）是能充分享受移動樂趣的臥鋪特急列車，廣受前往四國、山陰的旅客歡迎。

該列車最大的特徵之一，就是全車幾乎都採用包廂臥鋪。每間包廂的居住空間都放到最大，和建設公司共同開發出活用木材紋理的沉穩設計，甚至可以比擬為移動的飯店。在夜晚移動時光中能在專屬於自己的空間裡度過，是該列車最吸引人的地方。全車以單人用的包廂「豪華單人房」、「單人房」及「Solo」為主，加上一～兩人用的「單人雙床房」，兩人用的「日出雙床房」，還有想要輕鬆成行的人最喜歡的大通鋪「ノビノビ座席」等，視人數和旅遊形式有多種選擇。

東京往高松的「日出瀨戶」和東京往出雲市的「日出出雲」併結運行到岡山之後解聯，各自駛往目的地。「日出瀨戶」的最大賣點，當然是通過瀨戶大橋。駛離岡山約30分鐘後，便可以在瀨戶內海多島之美伴襯下駛過瀨戶大橋。這個美景千萬不能錯過。

到達終點站高松的時間比最早航班更早這一點也令人滿意。搭乘日出的四國之旅就此展開。

●日出瀨戶號　行駛區間…東京～高松
車資…11540日圓
　　　（另需加購p.14的各臥台券、特急券）
詢問處…JR西日本乘客中心
　📞0570-00-2486

Start

21時47分左右駛入東京站9號月台。很多人拍照留念

車窗外的燈光，也是夜行火車之旅的趣味。東京站內的「ecute tokyo」有各種火車便當和熱食，很方便

大推薦！

到達岡山的20分鐘前，車內開始清晨的廣播。車站內則有人等著看列車的解聯作業

坂出站可以轉乘特急「石鎚（いしづち）」到松山；轉乘「四萬十（しまんと）」到高知

Goal

到達終點站高松。可以接著轉乘特急「渦潮（うずしお）」前往鳴門、德島方向

東京
22:00出發

Good Night!

JR東海道・山陽本線

Good Morning!

6:27到達
岡山
6:31出發

JR宇野線・瀬戸大橋線

瀬戸大橋

坂出
7:08到達

高松
7:27到達

放鬆享受夜行火車之旅

木質內裝的走廊有種沉靜的氛圍。飲料販賣機設在第3車、第5車、第10車以及第12車

淋浴間位於第3車和第10車，透過售票機購買淋浴卡（310日圓）即可使用。車內並無販售毛巾等備品，請自行準備。供應熱水的時間只有短短的6分鐘左右，請多加留意。

View Point

日出瀬戸的窗外最大景點是瀬戸大橋。在第3車的沙龍內品嘗清早的咖啡賞景也很不錯

高松站是烏龍麵之都高松的門戶。在月台上的「連絡船うどん」先來一碗吧

搭乘日出瀬戸享受四國之旅

13

各種類型的臥鋪一應俱全！

※特急券、寢台券均為東京～高松的一般時期金額

豪華單人房

相對較大的床旁即為大車窗，是視野極佳的單人用包廂。室內設有小桌子和洗臉台。

6間（第4車2樓）／寢台、特急費用17280日圓

日出雙床房

有兩張床並排的雙人用包廂。室內可以調整燈光的明暗，也可以收聽FM廣播。

4間（第4車1樓）／寢台、特急費用22000日圓（2人份）

單人雙床房

一～兩人用的包廂。上層的床為彈起式，下層的床可以成為簡易沙發。

8間（第1、2、6、7車）／寢台、特急費用12900日圓（1人使用時）、21310日圓（2人使用時）

單人房

標準的功能性包廂，在腳下設有小桌，枕頭旁則有燈光和空調、收音機的調整鈕。分為樓上、樓下和車端這3種類型。

80間（第1～2、5～7車）／寢台、特急費用11000日圓

Solo

小巧精緻的包廂，精簡成只留下必要功能、完全不浪費的空間。分為樓上和樓下這2類型。

20間（第3車）／寢台、特急費用9900日圓

大通鋪

可以橫躺的地毯車廂，不需要寢台費用。車廂內做了簡單區隔，各設有讀書燈、小置物櫃和空調。

28席（第5車）／特急費用3300日圓＋530日圓

松山
內子
大洲

松山

四國最大的都市
是座充滿文學氣息的城下町

過去曾是伊予松山藩十五萬石的繁榮城下町。市內除了日本歷史最悠久的名湯道後溫泉之外，還有為數眾多的觀光名勝。同時也是以日本近代俳句之父正岡子規的故鄉、文豪夏目漱石的名著《少爺》背景所在地而聞名的文學之都。

前往松山的方法

搭飛機時，最近的機場是松山機場。除了右圖所示之外，還有福岡出發的航班1天6班等。搭乘火車的話，還可以搭乘東京開往高松的臥鋪特急「日出瀨戶」號，在坂出轉乘特急「潮風（しおかぜ）」號。由福岡方向出發時，一般都會先搭乘新幹線到廣島，再由廣島港搭乘高速船前來。

搭乘高速巴士時，不同班車行經的地點如JR松山站、松山市站、道後溫泉等可能有所差異，需要多加留意。除了右圖所示之外，還有高速名古屋出發的夜班車（需時10小時17分、單程6380日圓～），以及福岡出發的夜班車「道後エクスプレスふくおか」號（需時10小時、單程8500日圓）。白天的巴士另有從京都、神戶、岡山開來的，以及由廣島、新尾道、福山開來並經由島波海道的巴士。

搭乘渡輪的話，則有大阪南港～東予港的Orange渡輪（オレンジフェリー）夜行船班，需時8小時、單人7350日圓。

區域的魅力度

遊逛風情
★★★★
美食
★★★★
伴手禮
★★★

標準遊逛時間：4小時
松山城～萬翠莊～二之丸史蹟庭園～子規堂

觀光詢問處

松山市觀光國際交流課
☎089-948-6556
松山觀光會議協會
☎089-935-7511

交通詢問處

飛機 →參考p.170

JR
JR東日本詢問中心
☎050-2016-1600
JR西日本乘客中心
☎0570-00-2486
JR松山站
☎089-943-5101

高速巴士、路線巴士
JR巴士關東（東京～松山）
☎0570-048-905
京王高速巴士預約中心
（新宿～松山）
☎03-5376-2222
阪急巴士預約中心
（大阪～松山）
☎0570-089-006
JR東海巴士名古屋旅行中心
（名古屋～松山）
☎0570-048-939
京阪高速巴士預約中心
（京都～松山）
☎075-661-8200

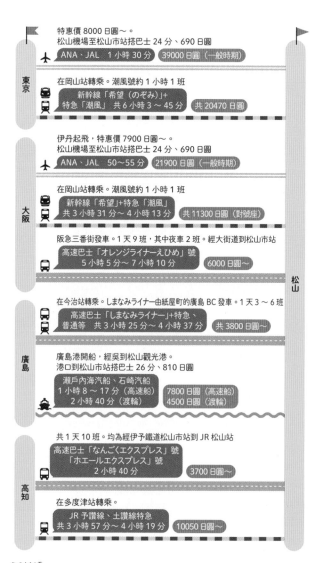

東京

✈ 特惠價 8000 日圓～。
松山機場至松山市站搭巴士 24 分、690 日圓
ANA、JAL 1 小時 30 分 39000 日圓（一般時期）

🚅 在岡山站轉乘。潮風約 1 小時 1 班
新幹線「希望（のぞみ）」+
特急「潮風」 共 6 小時 3～45 分 共 20470 日圓

大阪

✈ 伊丹起飛，特惠價 7900 日圓～。
松山機場至松山市站搭巴士 24 分、690 日圓
ANA、JAL 50～55 分 21900 日圓（一般時期）

🚅 在岡山站轉乘。潮風號約 1 小時 1 班
新幹線「希望」+特急「潮風」
共 3 小時 31 分～4 小時 13 分 共 11300 日圓（對號座）

🚌 阪急三番街發車。1 天 9 班，其中夜車 2 班。經大街道到松山市站
高速巴士「オレンジライナーえひめ」號
5 小時 5 分～7 小時 10 分 6000 日圓～

廣島

🚅 在今治站轉乘。しまなみライナー由紙屋町的廣島 BC 發車。1 天 3～6 班
高速巴士「しまなみライナー」+特急、
普通等 共 3 小時 25 分～4 小時 37 分 共 3800 日圓～

🚢 廣島港開船，經吳到松山觀光港。
港口到松山市站搭巴士 26 分、810 日圓
瀨戶內海汽船、石崎汽船
1 小時 8～17 分（高速船） 7800 日圓（高速船）
2 小時 40 分（渡輪） 4500 日圓（渡輪）

高知

🚌 共 1 天 10 班。均為經伊予鐵道松山市站到 JR 松山站
高速巴士「なんごくエクスプレス」號
「ホエールエクスプレス」號
2 小時 40 分 3700 日圓～

🚅 在多度津站轉乘。
JR 予讚線、土讚線特急
共 3 小時 57 分～4 小時 19 分 10050 日圓～

松山

神戶巴士高速巴士預約中心（神戶～松山）
☎ 078-231-4892
兩備高速巴士預約中心（岡山～松山）
☎ 0570-08-5050
廣交觀光（廣島～今治）
☎ 082-238-3344
伊予鐵高速巴士預約中心
☎ 089-948-3100

渡輪、高速船
瀨戶內海汽船・石崎汽船（廣島～吳～松山）
※高速船為隔班靠舶吳
☎ 082-253-1212
松山・小倉渡輪（小倉港）
☎ 093-521-1419
Orange渡輪預約中心（大阪）（大阪～東予）
☎ 06-6612-1811

交通的詢問處（四國各地出發）

高速巴士
（松山）
JR四國巴士
松山預約中心
☎ 089-941-0489
伊予鐵高速巴士預約中心
☎ 089-948-3100
（高松～松山、高知～松山）
JR四國巴士
高松預約中心
☎ 087-825-1657
四國高速巴士預約中心
☎ 087-881-8419
（德島～松山）
德島巴士預約中心
☎ 088-622-1826
（高知～松山）
土佐電交通播磨屋橋
高速巴士預約中心
☎ 088-884-5666
JR四國巴士
高知預約中心
☎ 088-866-2489

POINT

抵達後的第一步，到達JR松山站之後

　　松山市的總站有JR的松山站、伊予鐵道的松山市站這兩處，相隔大約是市內電車7分鐘的車程。由機場和觀光港出發的巴士和高速巴士大多會經過這兩個車站。

　　在JR松山站，可以在出了剪票口後的左側、販賣部旁的觀光服務處（8:30～20:30／無休）取得觀光資訊，也能在此預約住宿。要搭乘市內電車時，下站前左方圓環前的地下道後立刻走右方階梯向上，即可抵達電車站。

17

抵達後的第一步，到達松山市站後

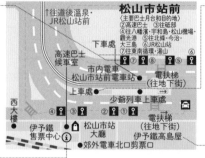

●搭乘路線巴士
駛往一草庵等城北方向的巴士在⑦號、駛往伊予鐵會館等的在⑤號。

松山市站前
（主要巴士月台和目的地）
①高速巴士　②往砥部
③往八幡濱・宇和島・松山機場・觀光港　⑤往北條・今治
⑥JR松山站　⑦往南循環・湯山

下車處

高速巴士候車室

市內電車
松山市站前電車站
電扶梯
（往地下街）

上車處

少爺列車上車處

西大樓

伊予鐵售票中心

松山市站大廳

●郊外電車北口剪票口

電扶梯
（往地下街）

伊予鐵高島屋

●搭乘市內電車
電車站在站前圓環的中央。往道後溫泉在③號搭車20分、往松山城在②或③號搭車、到大街道電車站8分。

●取得觀光資訊
面對車站的右手邊有個伊予鐵售票中心，提供觀光手冊和販賣電車、巴士的車票。

松山市站比JR松山站接近鬧區，步行經過銀天街到大街道約5分。

●購買伴手禮
伊予鐵高島屋地下1樓的食品館裡，匯集了當地的松山名點及海產的專櫃。

HINT

松山市內的交通

●搭乘市內電車移動
　市內電車共有「①・②號環狀線」、「③號市站線」、「⑤號松山站前線」、「⑥號本町線」這4條路線，費用均為160日圓，也有划算的市內電車一日券、二日券（參考p.19）。

〈搭乘市內電車的要點〉
循環方向不同、路線名稱也不同的環狀線
　環狀線的①號是松山市站出發，經JR松山站的城北環路線；從松山市站到JR松山站便可搭乘。但反向從JR松山站要前往松山市站時，就必須搭乘逆向循環的②號，請注意。

往道後溫泉，起站不同的3條路線
　③號松山市站線和⑤號JR松山站前線，各自往返於松山市站～道後溫泉，以及JR松山站～道後溫泉之間。而⑥號本町線則是本町6丁目～道後溫泉間的路線，不經松山市站和JR松山站，請注意。

各總站的觀光服務處服務電話

松山機場綜合服務處
♪089-972-5600
松山觀光港碼頭
觀光服務處
♪089-951-2411
JR松山站松山市
觀光服務處
♪089-931-3914

松山市內的交通詢問處

伊予鐵道（市內電車）
♪089-948-3323
伊予鐵巴士（路線巴士）
♪089-941-3574

市內電車路線圖

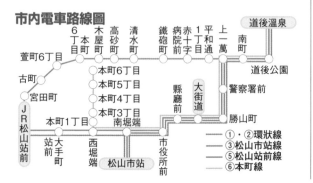

伊予鐵道的市內電車

周邊廣域地圖 P.166-167
※藍色數字為四國88所靈場所在
P.31 創靈庵やまのべ®

松山周邊

1:115,000

0　　　　　　2km

N

市內電車、巴士無限搭乘車票

「市內電車一日券」800日圓享有1天內可無限搭乘室內電車全線的優惠。可在2天期間使用的「二日券」為1100日圓。可免費搭乘1次伊予鐵道高島屋大摩天輪「くるりん」的一般車廂。
◇銷售處…伊予鐵銷售票中心、伊予鐵Travel（松山地下街）、JR松山站松山觀光服務處、道後溫泉站等。

計程車詢問處

愛媛縣
包租計程車・計程車協會
☎089-941-7481
伊予鐵計程車
☎089-921-3166

計程車費用參考（小型～中型）

松山機場出發
JR松山站
1690円～1940日圓
松山市站
1690円～2030日圓
一番町(大街道)
2090円～2340日圓
道後溫泉
2730円～3060日圓

JR松山站出發
道後溫泉
1390日圓～1620日圓
松山市站
590日圓～660日圓
松山城纜車
830円～900日圓

松山市站出發
道後溫泉
1130日圓～1390日圓
松山城纜車
730日圓～830日圓

　　南堀端～道後溫泉之間，是三條路線都會經過的路段，從大街道等地去道後溫泉時三者都能搭乘。

少爺列車的營運

　　道後溫泉～大街道～松山市站前、道後溫泉～大街道～JR松山站前～古町，同時也有重現明治時代復古風情的「少爺列車」行駛，車資為搭乘1次1300日圓。此外，也有搭配松山城廉價便利聯票（松山城らくトクセット券）的套票等（參考p.26-27的特集）。

●搭乘郊外電車

　　郊外電車以松山市站為起點，有「高濱線」、「橫河原線」、「郡中線」這三條路線。其中的高濱線可以前往松山觀光港和梅津寺方向。

●搭乘路線巴士

　　從松山機場發車行經JR松山站、松山市站、大街道，連接道後溫泉、奧道後的松山機場線（路線號碼52、53）會繞行市區的主要觀光地，是條很方便的路線。費用為松山機場～道後溫泉560日圓。此外，去石手寺要搭⑦號月台搭乘市內巴士⑧號東野線；去砥部要從③號月台搭往砥部的巴士。松山市站的乘車處請參考p.18上圖。

●搭乘計程車

　　松山市內計程車的起跳價是小型580日圓、中型590日圓（愛媛縣包租計程車、計程車協會）。主要費用的參考如右側所列。

●搭乘觀光計程車　※各公司都有提供標準行程。

◇松山巡禮：子規堂～松山城～石手寺～伊予飛白會館～松山機場or松山觀光港（需時約3小時30分，小型17220日圓）

◇松山巡禮：松山城～道後溫泉～石手寺～砥部燒窯場～子規堂～萬翠莊～伊予飛白會館（需時約5小時30分，27060日圓）等

※上為伊予鐵計程車的部分標準行程，費用以小型車為例。

掌握區域的重點

Ⓐ松山城

市內觀光的中心，由大街道電車站步行約5分可至纜車站。日本國家級的重要文化財天守閣務必登高覽勝。通常會搭乘纜車或索道。

上到城山之後就沒有多大的地形起伏，約抓1小時左右就足夠悠閒散步。雖然也有登山道，但坡度很陡，適合腿力好的人。上去時搭乘纜車，下來時除

了可以走和纜車並行的登山道之外，如果選擇走通往松山城二之丸史蹟庭園的下坡路，還可以出到愛媛縣廳。

Ⓑ道後溫泉本館周邊

伊予鐵道市內線的道後溫泉站是進出門戶。從古色古香的站舍穿過L字形道後溫泉商店街後，道後溫泉本館的堂皇建築就會出現在正前方。

下午到黃昏之間的入浴客多，本館正前方滿是觀光人力車和拍照留念的人潮。而一到黃昏，商店街的伴手禮店和餐飲店就會開始熱鬧起來。想在人少

時遊逛，則應以兼洗晨浴的方式早上前來。要體會溫泉街活力的話，黃昏之後造訪最為適合。

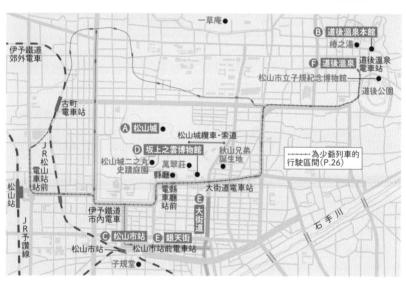

地圖標示：
一草庵
Ⓑ 道後溫泉本館
椿之湯
Ⓕ 道後溫泉電車站
道後溫泉
松山市立子規紀念博物館
道後公園
伊予鐵道郊外電車
古町電車站
Ⓐ 松山城
松山城纜車・索道
JR松山電車站站前
Ⓓ 坂上之雲博物館
秋山兄弟誕生地
松山城二之丸史蹟庭園
萬翠莊
縣廳
────為少爺列車的行駛區間(P.26)
松山站
電縣車廳站前
大街道電車站
伊予鐵道市內電車
Ⓔ 大街道
石手川
JR予讚線
Ⓒ 松山市站
Ⓔ 銀天街
松山市站
松山市前電車站
子規堂

Ⓒ松山市站周邊

松山的門戶之一，和大型百貨公司共構的車站大樓前方，就有市內電車和路線巴士的總站；往梅津寺和高濱方向的郊外電車也在此地發抵。距離大街道鬧區很近，車站周邊餐飲店也多。

Ⓓ坂上之雲博物館周邊

電視劇相關的景點集中在大街道電車站周邊，可以由大街道步行遊逛。先去坂上之雲博物館學習基本知識，再去秋山兄弟誕生地。博物館後方的萬翠莊也值得前往觀賞。

Ⓔ銀天街～大街道

松山市站和大街道電車站之間的L形商店街，周邊是松山市最熱鬧的地方，鄉土料理店和各種餐飲店櫛比鱗次。商店街由這端走到另一端需要20分鐘左右。距離松山城纜車站也頗近。

Ⓕ道後溫泉一帶

以市內電車道後溫泉電車站為起點，遊逛松山市立子規紀念博物館、伊佐爾波神社，再去道後溫泉本館。若是時間充裕，可以再去史蹟公園的道後公園走走。外湯的椿之湯其西式內裝也富有風情。

遊覽順序的小提示

●松山城搭配道後溫泉一起遊逛

市內觀光的重點在於松山城周邊以及道後一帶這兩個區域，標準的遊逛時間也都在3～4小時之間。因此，如果預定花一整天在市內觀光的話，這兩個區域的確可以在一天之內遊逛完畢。如果預定住宿一晚，則到的那天下午、出發當天上午各玩一個區域即可。區域間的移動以市內電車最方便。

●住一晚的話該選「市區」？「道後」？

道後溫泉以附餐旅館這種經營型態為主，各家都引了道後溫泉到旅館內，也都可以享受在大浴場泡名湯的樂趣。晚餐大多會提供瀨戶內海新鮮海產的筵席料理。

如果住在市區內的都會型飯店，晚餐建議至大街道周邊的鬧區用餐。餐館的類型從料亭到居酒屋都有，而且大多會提供松山和瀨戶內海的美味。一般商店通常20時左右就會打烊，但營業至深夜的餐廳並不少見。

●搭計程車去泡早湯、晚湯

要去道後溫泉本館泡湯時，應注意市內電車的營運時間：市內電車的運行時間，JR松山站前電車站為6時13分～22時發車；松山市站為6時48分～22時1分發車。如果要泡最早的湯或打烊前才進場泡湯，就應該搭乘計程車了。

●靈活運用無限搭乘市內電車和巴士的車票

「ALL IYOTETSU 1 Day Pass」是1天內可無限搭乘伊予鐵的市內電車（少爺列車除外）、郊外電車與普通巴士的方便票券，售價1900日圓。也有販售2 Day Pass，售價3000日圓。

行程範例 道後溫泉站前（🚶🚋）→松山城（🚋）→坂上之雲博物館（🚌）→石手寺（🚌）→子規紀念博物館（🚋）→又新殿

觀光人力車

由車夫邊拉車邊介紹，遊覽道後一帶的人力車。通常會在機關鐘和道後溫泉本館前候客。
隨時（可預約）／不定休（雨天時不營業）／10分鐘行程1500日圓～。

力舍本店
📞090-3183-3683

ALL IYOTETSU Pass

◇銷售處…伊予鐵售票中心、伊予鐵Travel（松山地下街）、少爺列車商店（道後溫泉站）、JR松山站松山市觀光服務處等。
◇可免費搭乘1次伊予鐵道高島屋大摩天輪「くるりん」的一般車廂。

松山

TEKU TEKU COLUMN

遊逛時吟上一句
投稿到觀光俳句信箱

松山這個地方和正岡子規、高濱虛子有深厚淵源，因此俳句盛行。市區內包含松山城、道後溫泉本館和各家旅館、路面電車（28輛）等92個地方都設有觀光俳句投稿信箱，觀光客也可以輕鬆吟詠投稿。

投稿的俳句每3個月會由當地的俳句詩人甄選，選出特選3句、入選20句印成書籍並贈送給獲選者。喜歡俳句的旅客不妨挑戰看看。

出局！上壘！的棒球拳
起源自松山

日本宴會常見的餘興節目棒球拳，是大正時代時，松山的棒球隊在比賽時輸給了高松的球隊，川柳作家前田伍健心想至少讓大家在晚上的宴會可以盡興一番，便即興地創造出來。正確的說法是棒球拳舞，8月上旬的松山祭時大家在街上舞動，成為了夏季的風情畫。

順帶一提，在松山這是家族制的鄉土技藝，輸了也不必脫衣服。

坂上之雲博物館
さかのうえのくもみゅーじあむ

地圖p.24-F、p.34-D
大街道電車站🚶2分

　介紹司馬遼太郎的小說《坂上之雲》和明治時代的博物館，小說描繪的是松山出身的秋山好古、真之兄弟，以及正岡子規的生涯。由安藤忠雄設計的建築入口處，可以沿著平緩的螺旋狀斜坡，穿越時空回到明治時代。螺旋狀斜坡牆從展示連載1296回小說的報紙報導的3樓向上延伸，非常壯觀。4樓每年會舉辦企劃展，至2023年2月為止展示的是「從《坂上之雲》來看日本海海戰『命運之海』」。往窗外看去的松山城和綠意豐饒的萬翠莊景觀也極美。

📞 089-921-3711　📍 松山市一番町3-3-7
🕐 9:00～18:00(視活動變動)
🈺 週一(逢假日則開館)
💴 300日圓　🅿 40輛

POINT
鴨隊長導覽／大街道電車站到松山城纜車站之間，都是紅磚風格的石板路。整段是和緩的上坡路，中間有些時尚的咖啡廳和古老風格的商店，散步途中進去逛逛也不錯。

📞 089-915-2600　📍 松山市一番町3-20
🕐 9:00～18:30(最後入館為18:00)　🈺 週一(逢假日則開館)　💴 400日圓　🅿 無

萬翠莊
ばんすいそう

地圖p.24-F、p.34-D
大街道電車站🚶5分

　1922(大正11)年興建的西式建築，是舊松山藩主子孫久松家的別墅。是全松山最古老的鋼筋水泥建築，也是純法國樣式的建築，設有露台的停車門廊和尖屋頂令人印象深刻。館內有著經過雕飾的柚木樓梯和豪華彩繪玻璃、水晶吊燈、洛可可風格的家具等，顯示出往昔社交場所的華美氛圍。館內主要展示鄉土美術家的企劃展；每年5月會舉行玫瑰展。

秋山兄弟誕生地
あきやまきょうだいせいたんち

地圖p.24-F、p.34-D
大街道電車站🚶3分

　司馬遼太郎小說《坂上之雲》的主角，秋山好古、真之兄弟的祖宅復原而成。秋山兄弟畢業於軍官學校，是在日俄戰爭建下大功的明治時代軍人，秋山好古還被稱為騎兵之父。建築內忠實地復原房間和玄關等。後來就任教職的好古，以及為人勤奮和正岡子規有深厚交情的真之，又在松山同鄉會的建議下興建了柔道場。開館期間會放映錄影帶，可以一窺秋山兄弟在明治時代的大志。

📞 089-943-2747
📍 松山市步行町2-3-6　🕐 10:00～17:00
🈺 週一(逢假日則翌日休；春夏兩季為開館)
💴 300日圓(高中生以下免費)　🅿 無

松山城
まつやまじょう

地圖p.24-B、p.34-A
大街道電車站🚶5分至🚃乘車口，搭乘松山城纜車3分或
索道6分（皆為來回500日圓），長者平🚶15分

　位於海拔132公尺勝山山頂的松山城，是座
和姬路城、和歌山城同為日本三大連立式平山
城的名城。約400年前加藤嘉明開始築城，花
費25年的歲月後，於1627(寬永4)年完成。
現在的天守閣於1854(安政元)年重建而成，
是日本現存天守閣裡最晚期的建築。此外，城
中現存乾櫓、野原櫓、紫竹門、隱門、一之門
等名列國家重要文化財。從本丸所在的山頂到
山麓的護城河，都是松山城的範圍。而過去二
之丸、三之丸和武家宅邸等所在的堀之內，如
今整頓成了公園。

📞 089-921-4873　📍 松山市丸之內1
🕐 園內不限。天守閣為9:00～17:00(8月為～17:30、
12月～1月為～16:00)　🈺 無休(天守閣為12月第3週
三休)　💰 520日圓　🅿 26輛(2小時400日圓)

POINT 鴨隊長導覽／長者平到山頂是石板路和石級
的上坡路。散見各處的門和櫓、陡峭的石級
都值得一賞。半路上的廣場可以一覽松山市
區風光。

松山城二之丸史蹟庭園
まつやまじょうにのまるしせきていえん

地圖p.24-F、p.34-C
縣廳前電車站🚶5分。
或松山城(大手門遺蹟)經登山道🚶15分

　將完成於松山藩第二代藩主蒲生忠知時代
（1627～1634），之後作為藩主宅邸的二之

丸遺蹟改建成庭園。以花木和砂石來表現過往
房間的隔間，北半部的表御殿跡是使用柑橘類
和花草的「柑橘、草花園」；西南部的奧御殿
跡是使用水和砂石、草皮的「流水園」。此
外，庭園外圍的櫓、門和外牆等，也以當時的
手法重現；因考古而大受矚目的大水井遺構也
露天展示。春季時還會舉辦與松山藩有所淵源
的薪能，吸引了大量人潮來觀賞傳統舞蹈。

📞 089-921-2000　📍 松山市丸之內5
🕐 9:00～17:00
(8月為～17:30、12月～1月為～16:30)
🈺 12月第3週三
💰 200日圓　🅿 31輛

子規堂
しきどう

地圖p.24-F、p.34-E
松山市站🚶5分

　將松山市造就的近代俳句之父正岡子規到
17歲前往東京之前的住家，在埋髮塔所在的
正宗寺內重建完成的紀念館。住宅內除了子規
愛用的書桌、遺墨、文獻和照片之外，還展示
了許多子規評論夏目漱石和弟子們的紙板等珍
貴資料。此外，寺內還展示了少爺列車的客車
廂和子規弟子高濱虛子的石碑等。

📞 089-945-0400
📍 松山市末広町16-3
🕐 9:00～17:00
🈺 無休　💰 50日圓
🅿 20輛

POINT 鴨隊長導覽／展示少爺列車的伊予鐵道總公
司的石側就是末廣商店街。商店街內有許多當
地的小小店家，散發出一種復古而懷舊的
感覺。

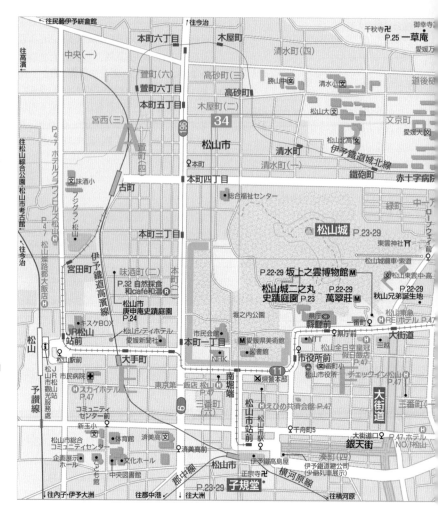

松山市庚申庵史蹟庭園

まつやましこうしんあんしせきていえん

地圖p.24-E
松山市站搭乘🚃伊予鐵道高濱線5分，古町電車站下車
🚶5分

　2003年時將江戶時代松山代表性俳句家栗田樗堂在1800(寬政12)年興建的草庵改建修復而成。興建方式有著俳句吟唱該有的樸素，但也有人說是仿造芭蕉的「幻住庵」建成。由於原來就是為了離群索居，因此庭園也意境清幽，讓人回想到過往的歲月。尤其是樹齡超過200年的野田藤更不容錯過，最佳賞花期在4月下旬。

📞 089-915-2204　📍 松山市味酒町2-6-7
🕙 10:00～18:00(11月～2月為～17:00)
🈺 週三(逢假日則翌日休)
💴 免費　🅿 無

松山
1:18,000

0 400m

周邊廣域地圖 P.19
※藍圈數字為四國88所靈場所在

1939年時來到此地並落腳於此，這也是他最後的居所。草木繁茂的院子裡立有句碑和歌碑。外觀可自由參觀。

☎ 089-948-6891（松山市教育委員會文化財課）
♀ 松山市御幸1-435-1 Ⓟ 無

城山橫丁體驗館
しろやまよこちょうたいけんかん

地圖p.34-D
大街道電車站🚶5分至🚗乘車口的對面

與久留米、備後並列為日本三大飛白布的伊予飛白，自古以來便作為老百姓的居家服、農作業服而廣受喜愛。在城山橫丁體驗館，可以參加以天然藍色顏料活用自然顏色的藍染活動、姬達摩（不倒翁）的製作體驗課程。（需預約）

☎ 089-968-1161　♀ 松山市大街道3丁目8-1
🕘 9:00～17:00　🈺 過年期間
💴 藍染體驗1500～3000日圓，姬達摩製作體驗1600日圓

P O I N T 鴨隊長導覽／走過護國神社參道，由神社前行走河旁的道路。走過途中第一座石橋是萬葉植物園。過第二座橋後，在民宅後方靜靜佇立著一草庵，清雅風情很有山頭火的風格。

一草庵
いっそうあん

地圖p.24-B
松山市站搭乘🚃市內電車環狀線②號15分，
赤十字病院前電車站下車🚶10分

山口縣出身的自由律俳句家種田山頭火的舊居。一直放浪各地托鉢行腳的山頭火，在

搭乘
少爺列車！

活躍在明治到昭和前半葉的「少爺列車」，又以古老的蒸氣機車頭模樣復駛了。就讓我們搭搭噴著白色蒸氣，行駛在21世紀城下町的復古少爺列車吧！

少爺列車的小知識

●少爺列車簡介

真正的少爺列車是日本最早的輕便鐵道列車，誕生在西元1888（明治21）年。當時的少爺列車當然是蒸氣機車頭，但在復原之後基於環保的問題，改用柴油引擎為動力。因此，煙囪噴出的白煙其實是水蒸氣。汽笛聲和乘務員的衣服都盡可能地重現當時的模樣。

●名稱是源自於夏目漱石？

「少爺列車」的名稱，是來自於夏目漱石的小說《少爺》。小說裡描述主角少爺搭乘「像火柴盒一般」的小火車前往中學上任的場景；隨著小說的走紅，此列車便開始被稱為「少爺列車」了。

搭乘方式建議

●車票有2種

少爺列車行駛在市內電車的軌道上，行駛區間有「道後溫泉～松山市站前」和「道後溫泉～JR松山站前～古町」這2條路線。車資為每次1,300日圓，可以搭乘上述任一路線（單程）。划算票券的部分也有「松山城廉價便利聯票」2200日圓，提供搭乘1次少爺列車搭配松山城遊覽等行程的優惠。另外，出示少爺列車車票的話，還能享有免費搭乘1次松山市站伊予鐵道高島屋的大摩天輪「くるりん」一般車廂（透明車廂除外）的優惠。各種車票可以在市內3個售票處（參考右頁圖）等處購買。

●乘車的技巧

可在道後溫泉、大街道、松山市站前、JR松山站前、古町等各個電車站上車。有時候在週六日及暑假期間，可能發生客滿導致無法上車的情況。若是從道後溫泉上車，公司會發行搭乘下班列車的整理券，請加以利用。開往道後溫泉站的班車即便在旺季期間乘客也相對較少，不妨納入考慮。

梅津寺公園（地圖p.19）展示著1號機車頭

子規堂（地圖p.34-E）也有展示客車廂

司機和車掌的制服也復古重現

搭乘少爺列車，遊逛松山道後溫泉

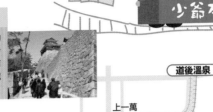

！HINT

松山城

要前往從市內到處都看得到的松山城，只要從大街道電車站步行5分前往搭乘松山城纜車便可輕鬆抵達；腿力好的人可以挑戰登山道。

道後溫泉

上一萬

古町

松山城

松山城纜車

伊予鐵
Travel

大街道

堀之內公園

南堀端

JR松山站前

JR松山站
松山市觀光服務處

JR
松
山
站

松山市站

●伊予鐵售票中心

松山市站

道後溫泉

道後溫泉本館和子規紀念博物館等道後觀光的據點，就是道後溫泉電車站，站舍本身就古色古香。站前廣場展示著準備開車的少爺列車，是拍照的極佳景點。

松山市站

市站前可以看到列車的調頭作業。和客車分開後，將機車頭駛上轉盤，再由兩位車掌手動進行調頭。

大街道

市內最熱鬧的大型商店街。電車站位於大街道的北口，附近有松山城纜車站和萬翠莊，距鬧區也近，去哪裡都方便。

※地圖上的●記號為少爺列車的售票窗口。

搭乘少爺列車！

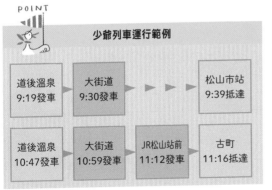

POINT

少爺列車運行範例

道後溫泉 9:19發車	大街道 9:30發車	▶▶▶	松山市站 9:39抵達

道後溫泉 10:47發車	大街道 10:59發車	JR松山站前 11:12發車	古町 11:16抵達

──── 道後溫泉⇔松山市站前
──── 道後溫泉⇔JR松山站前~古町

※大街道、JR松山站前也可以上下車
※南堀端、上一萬只能下車

※左例為2022年3月時的平日上行時刻表中一例。「道後溫泉～松山市站」的班車為每天上下行各3班；「道後溫泉～JR松山站～古町」為每天上下行各1～2班。

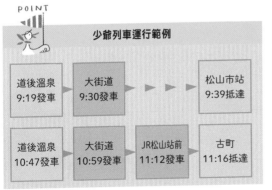

27

與導覽義工結伴而行
漱石&子規、名城及溫泉 松山町漫步

與夏目漱石、正岡子規頗有淵源的城市——松山，可在此遊覽現存12座天守之一的松山城以及各大名湯、道後溫泉。跟著導覽義工輕鬆遊逛這些景點吧！

POINT

從觀光到美食無所不知 松山觀光導覽義工大方分享

說到現今對松山觀光貢獻良多的重要角色，當屬由市民組成的觀光導覽義工了。願意提供協助的工作人員多達150名，可謂觀光客的可靠伴侶。除了協會規劃的路線之外，也可以按照個人需求自由搭配目的地，提供行程費用自理的導覽服務。預約受理的時間為啟程的前1週。誠懇細心的導覽、博學多聞及意想不到的驚喜為其魅力。

📞 089-935-5711／FAX089-921-0286／🕘9：00～12：00、13：00～16：00／💰免費（導覽義工的交通費等需另計，入館費用等需自行負擔）
http://www.matsuyama-guide.jp/

行程與集合地點

●坂上之雲博物館周邊
集合地點：坂上之雲博物館2樓大廳
導覽時間：9：30～、13：00～（約60～90分）
主要行程：萬翠莊與子規、漱石因緣之地巡禮／愛媛縣廳與城山公園巡禮等
●松山城周邊
集合地點：長者平（纜車終點）導覽義工待命所前，或俳句信箱前的廣場
導覽時間：9：00～12：00、13：00～16：00
主要行程：本丸周邊1小時左右
●道後溫泉周邊
集合地點：道後溫泉觀光會館內
導覽時間：9：00～12：00，週六日、假日為也有13：30～16：30
主要行程：遊逛子規、漱石曾走過的道後等
※也可以依個人需求針對自由行程進行導覽。需事先連絡、預約。

松山觀光導覽義工之會／除了定期行程之外，在時間內可依個人需求規劃路線（需事先預約）。

❶ 萬翠莊與子規、漱石因緣之地巡禮（約60分）

行程：坂上之雲博物館→愛松亭遺碑→萬翠莊→城山公園入口附近→松山中學遺址→松風會起源地→城戶屋旅館遺址→愚陀佛庵遺址→大街道入口

內容：愛松亭是漱石曾經下榻的地方。松山中學是子規求學、漱石任教的舊制中學，作為小說《少爺》的故事背景而聞名。曾在《少爺》中出現的「山城屋」其原型即為城戶屋旅館。最後造訪的愚陀佛庵遺址，則是子規和漱石度過50多天同居生活的住所。

導覽義工分享：夏目漱石前往松山中學任教之初，曾寄宿過愛松亭的2樓。萬翠莊的玄關前還留有當時的水井。

↑萬翠莊建於1922（大正11）年，是舊松山藩主久松家的別墅。名列國家重要文化財。

❷ 松山城90分鐘行程

↑在戶無門前的石牆後方可以看見大天守 ←隱門

行程：長者原→戶無門→隱門→太鼓門→本丸廣場→乾櫓→野原櫓→天守

內容：穿過最初的戶無門之後，在筒井門右後方設有防禦用的隱門。從本丸廣場西側可以眺望市區風景。從廣場到城後門有乾櫓、野原櫓，皆為自創建當時所留下的建築。天守閣為現存12天守之一。最上層可以一覽遠至瀨戶內群島的風光。

導覽義工分享：通過戶無門之後映入眼簾的便是筒井門，據說此為用來實行奇襲戰術的地方：誘引敵人朝向筒井門，再從難以察覺的隱門現身，從敵軍後方攻擊。

❸ 道後溫泉本館周邊行程（約60分）

行程：道後溫泉站→放生園→椿之湯→道後溫泉本館→圓滿寺→寶嚴寺→伊佐爾波神社→ふなや→湯神社→空之散步道

內容：在起點道後溫泉站，能一窺站務人員手動為少爺列車轉向的場景。旁邊就是擁有足湯、鷺石等的放生園。足湯的湯釜是直到1896（明治29）年為止都為道後溫泉本館所用的古物。椿之湯是當地人會進出的本館姐妹湯。在本館內，3樓的振鷺閣令人印象深刻。接著來到以巨大地藏聞名的圓滿寺、與一遍上人有淵源的寶嚴寺、擁有美麗庭園的ふなや等地，從湯神社前往空之散步道。在此能夠一覽本館的全貌及溫泉街的風景。

↑當初作為火見櫓（望火樓）的振鷺閣
→與漱石有淵源的少爺房間

四國首選的美味！松山篇

品嘗瀨戶內的海鮮

來島海峽的鯛魚、岬竹筴魚、龍蝦等，愛媛的海是海鮮寶庫。
在目光精準的主廚齊聚的松山，好好享用新鮮度一絕的頂級魚料理。

日本料理　すし丸

雖為老店卻能輕鬆入內的人氣壽司店

　　這家店以瀨戶內的海鮮為主要食材，供應的菜色從壽司到純樸的鄉土料理一應俱全。推薦可享用松山壽司與五色素麵等鄉土味的「松山御膳」，或是能大啖鯛魚、章魚及星鰻等瀨戶內鮮魚的「瀨戶饕客饗宴」。

推薦菜色	
松山御膳	2145日圓
當令彩壽司	2200日圓
瀨戶饕客饗宴	4015日圓
筵席料理	5500日圓〜

地圖p.34-F
☎089-941-0447／大街道電車站🚋5分／🕐11：00〜14：00、16：30〜22：00／🏠無休

！HINT

這裡最推薦！

　「松山壽司」（照片上）為松山在地獨特的待客料理，亦有別稱叫做拌飯（一種散壽司）。藉由瀨戶小魚吸收醬汁的甘甜壽司飯，加上星鰻、蝦子、章魚、蛋絲等配料，將外觀也裝飾得鮮豔繽紛

以鄰近師傅的壽司吧檯為首，店內有約80個座位

能品嘗松山名產五色素麵、薄切星鰻生魚片等瀨戶內新鮮食材的「瀨戶饕客饗宴」

日本料理　創壽庵やまのべ

享用在職人巧手下誕生的料理

　　老闆期望在客人面前製作料理、提供賓至如歸的服務，因而打造出以吧檯座為中心的店。午餐可享用充滿季節感的精緻盛盤料理，以及巧妙烹調當季食材的每日定食。活用當令新鮮食材的簡單調味廣受好評。

推薦菜色	
每日午餐	1760日圓
蕎麥冷麵+天丼套餐	1100日圓
芝麻蕎麥麵+迷你鰻魚丼套餐	時價
午懷石（需預約）	3300日圓～

地圖p.19
☎089-927-2358／♀上一万
🚶12分／🕐11:30～14:30、
17:30～22:30／🈺不定休

晚上有供應在愛媛捕撈的新鮮魚貝及蔬菜、活用當季食材的懷石風推薦全餐7700日圓～

品嘗瀨戶內的海鮮

居酒屋　あかり

從炭火燒烤到野禽料理皆備的松山名產居酒屋

　　在地爐旁坐成一圈，津津有味地品嘗美酒與當季美味。極致的味覺享受紅鰭多紀魨及炸雞鍋自不用說，亦可享用河魨涮涮鍋的奢華「河魨饗宴全餐」6000日圓，只要多付2000日圓就能追加飲料無限暢飲。還有野豬肉、熊肉、鴕鳥肉等，在其他地方看不到的罕見料理。

以炭火燒烤新鮮魚貝及蔬菜後大口享用。也有鱉全餐這類比較古怪的菜單

推薦菜色	
薑燒鯨肉	900日圓
炸魚板	385日圓
綜合生魚片	1870日圓

地圖p.34-D
☎089-943-4888／大街道電車
站🚶10分／🕐17:00～22:00
（週六為16:00～）／🈺不定休

美食

以正統懷石為基礎，加入法國菜和中國菜要素的新型態餐廳。女性以及三五好友都能入店的輕鬆氣氛大受好評；全餐種類多元，從使用當令食材的迷你懷石5280日圓～到懷石全餐7150日圓～等料理一應俱全。

📞 050-5486-6517
📍 松山市三番町3-5-4
🕐 11:00～23:00
㊡ 不定休
💴 午餐850日圓～
　晚餐2000日圓～
🅿 附近有

銀天街／鍋燒烏龍麵

アサヒ

地圖p.34-F
松山市站🚶10分

1947(昭和22)年創業的鍋燒烏龍麵專賣店。松山的鍋燒烏龍麵特徵是醬汁甘甜，本地產小魚乾與北海道產昆布的高湯融合造就豐富美味。使用傳統鋁鍋裝麵的鍋燒烏龍麵為650日圓～。配料的牛肉和油豆腐皮也煮得偏甜，口味樸素而大受歡迎。豆皮壽司2個260日圓。

📞 089-921-6470
📍 松山市湊町3-10-11
🕐 10:00～17:00
　（麵售完打烊）
㊡ 週三、第2週二
💴 鍋燒烏龍麵650日圓～
🅿 附近有

二番町／懷石料理

川瀨見
かわせみ

地圖p.34-D
大街道電車站🚶4分

📞 050-5487-1734
📍 松山市二番町2-5-6
🕐 12:00～14:00、
　17:00～22:00
㊡ 不定休
💴 午餐1980日圓～
🅿 附近有

三番町／鄉土料理

鄉土料理　五志喜本店
きょうどりょうり　ごしきほんてん

地圖p.34-F
大街道電車站🚶7分

松山名產五色麵線總公司的直營店，可以同時享用松山的鄉土料理和五色素麵。著名的鯛魚麵線1800日圓是將整尾烘烤的鯛魚再加熱後，盛放在素麵上的鄉土料理。午間用餐的話，也有鯛魚素麵搭配蜜柑壽司的套餐2500日圓～可供客人選擇。

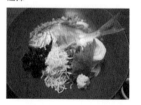

本町／有機咖啡廳

自然採食 和café和溫
しぜんさいしょく　わかふぇわおん

地圖p.24-E
西堀端電車站🚶5分

以未使用農藥、化學肥料、除草劑的自然栽培米及蔬菜、遵循傳統工法的調味料等，供應嚴選食材的和食。除了內含每週更換菜色的小菜、以天然湯頭製成的味噌湯等品項，限定20份的午餐之外，也能在此享用早餐及原創飲品。加工產品、便當、熟食等外帶菜單也很受歡迎。

📞 089-904-5165
📍 松山市本町2-2-2
🕐 11:00～15:00
㊡ 週三
💴 早餐500日圓～
🅿 3輛

てんぐの隠れ家

てんぐのかくれが

地圖p.34-F
大街道電車站🚶7分

在小小入口、狹窄通道後方，很不起眼的串燒店。有著挖地暖桌的古民宅式店內寬敞，也有中庭可供觀賞。食材無論是一片蔬菜或一小撮鹽，都極盡講究之能事。以炭火烤雞聞名，其中又以雞絞肉丸200日圓、紫蘇捲200日圓、青蔥雞200日圓這3道餐點最負盛名。特產在地美酒的種類也很豐富。

☎ 089-931-1009
📍 松山市三番町2-5-17
🕐 17:30〜23:30
　（週五六為〜24:30）
🈺 無休
💴 2500日圓〜
🅿 附近有

レストラン門田

れすとらんかどた

地圖p.34-F
大街道電車站🚶8分

大量使用瀨戶內特產食材，充分運用食材自然美味的正統法國菜餐廳。不擅長使用刀叉的客人可以使用筷子。主廚是曾在世界奧林匹克廚藝競賽中奪得金牌的高手。最受歡迎的菜色是濃縮了季節美味的當令特製全餐7700日圓。全餐為4400日圓〜；划算的特惠午餐為3300日圓〜。

☎ 089-931-3511
📍 松山市三番町3-4-25
🕐 11:00〜15:00、
　17:00〜22:00
🈺 週三
💴 午餐2200日圓〜
　晚餐7700日圓〜
🅿 附近有

みゅんへん

地圖p.34-E
松山市站🚶3分

這間老字號啤酒屋提供的生啤酒和炸雞塊是開店以來始終不變的好味道。使用古早的冰塊冷卻式啤酒機所提供的冰鎮SAPPORO生啤酒（黑標）小為420日圓，口感佳且入喉滑順。招牌料理的炸雞塊780日圓受歡迎到可列為松山名產的程度，分量也多。另提供超過25種最搭啤酒的料理。

☎ 089-931-0055
📍 松山市湊町5-5-1
🕐 11:00〜22:00
🈺 週三
💴 炸雞780日圓
🅿 附近有

自然採食料理　じい家

しぜんさいしょくりょうり　じいや

地圖p.34-F
大街道電車站🚶7分

以吃得安心、安全為主題，供應愛媛的招牌在地食材、瀨戶內產天然海鮮等，可搭配地產酒一同品嘗。堅持選用無添加農藥、化學肥料、除草劑種植的自然栽培米及蔬菜等食材。經過慢熬燉煮的軟嫩滷肉為800日圓。2樓的隔間包廂也可以用來舉辦宴會（需預約）。

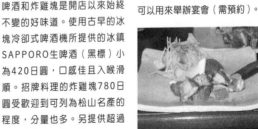

☎ 089-935-8525
📍 松山市二番町3-1-2
🕐 17:00〜22:00
🈺 週三
💴 個人套餐2000日圓〜
🅿 附近有

松山

購物

大街道／勞研饅頭

勞研饅頭たけうち大街道支店
ろうけんまんとうたけうちおおかいどうしてん

地圖p.34-D
大街道電車站 2分

創業之後代代相傳至今的著名勞研饅頭，是使用酵母菌發酵，採用古早手工方式製成的蒸甜饅頭。以微甜的樸素口味著稱，共有艾草、巧克力、花豆、奶油等多達14種口味，1個150日圓。

纜車前／今治毛巾

伊織　松山店
いおり　まつやまてん

地圖p.34-D
大街道電車站 5分

緊鄰著松山城纜車乘車處，銷售「今治毛巾」的店鋪。以顏色、圖案、觸感等種類五花八門的毛巾為首，毛毯、枕頭套等產品一應俱全。與設計師或藝術家聯名合作的產品、伊織限定毛巾都很適合當作伴手禮。砥部燒及使用愛媛產柑橘類製成的點心等也很豐富。

📞 089-993-7557
📍 松山市大街道3-2-45
🕙 10:00～18:00　休 無休
💴 迷你手巾660日圓～　ℙ 無

大街道／蛋糕

一六本舖大街道本店
いちろくほんぽおおかいどうほんてん

地圖p.34-F
大街道電車站 5分

以松山名點著稱的蛋糕，據說是以前松山藩主松平定行從長崎帶回洋人帶來的西點，並以餡取代果醬製成。將散發微微柚香的餡料以蜂蜜蛋糕捲成「の」字形所製的一六蛋糕（taart）一條756日圓～。

📞 089-946-0016
📍 松山市大街道2-2-4
🕙 10:00～19:00
休 週三　ℙ 附近有

銀天街／薄墨羊羹

薄墨羊羹本店
うすずみようかんほんてん

地圖p.34-F
松山市站 10分

江戶時代中期創業的老店。

著名的小條薄墨羊羹864日圓～是在深綠色抹茶羊羹裡加入白色豆子，讓人聯想到櫻花花瓣的高雅和菓子。名稱來自於伊予的賞櫻名勝西法寺的薄墨櫻。小盒裝便於食用的小櫻羊羹1個162日圓～。

📞 089-943-0438
📍 松山市大街道1-2-2
🕙 10:00～18:30
休 元旦
ℙ 附近有

銀天街／山里柿

柳櫻堂
りゅうおうどう

地圖p.34-E
松山市站 5分

1924（昭和4）年創業的和菓子店。近年日西合璧的創意點心也很受歡迎。名產山里柿使用了大量以愛媛特產愛宕柿做成的柿子乾，並加入白豆沙餡，再以求肥包成柿子形狀製成。可以嘗到柿餡的微甜和清香，味道相當溫和。麻糬銅鑼燒、薄皮銅鑼燒也很熱門。

📞 089-943-3303
📍 松山市湊町4-5-1
🕙 10:30～19:00
休 無休　ℙ 附近有

松山

買下作為旅遊回憶吧！

松山伴手禮

瀨戶內海的美味和大家熟悉的「蜜柑」產品，
以及運用傳統工藝製作的雜貨等，
帶個喜歡的商品回國吧。

03
飲用醋（尾崎食品）
／稀釋4倍用
200ml1080日圓

01
瑪丹娜之喜
／半條1674日圓

02 霧の森大福／1個
162日圓、盒裝（8
個）1188日圓

04
松山鯛魚飯（義農味噌）／
盒裝 200g1296日圓、袋
裝 200g1080日圓

---

01 瑪丹娜之喜

使用整顆愛媛縣產「紅瑪丹娜」蜜柑做成的磅蛋糕，濕潤的口感和柑橘的酸味構成絕妙美味。上面鋪以環切蜜柑，表示幸福之環連接在一起。

0898-53-6166
（BEMAC）／在★、
●、四國物產館十五
萬石等處販售

02 霧の森大福

販售使用四國中央市新宮町無農藥茶葉製成的糕點。極受歡迎的網購甜點「霧の森大福」，上面的抹茶粉和豆沙餡與鮮奶油的搭配，風味絕倫。

地圖p.34-D
089-934-5567
（霧の森菓子工房松山店）／9：30～
17：30／休第4週一

03 柑橘王國系列飲用醋

以自行開發的製法，將愛媛產柑橘類水果和醋混合。有綠蜜柑、柚子、伊予柑等口味，種類相當豐富，可以像果汁般飲用而大受好評。也有沙拉醬、食用醋軟糖等商品。

地圖p.43-B
089-946-1844
（四國物產館十五萬石）／在★、松山三越地下1樓等處販售

04 松山鯛魚飯

可以很簡單地吃到用酒蒸過的鯛魚切片，和昆布、柴魚高湯調理成的松山鄉土料理「鯛魚飯」。同樣是義農味噌的「伊予さつま汁（伊予摩湯）」（40g×2包、324日圓）也很熱銷。

在★、總公司（089-984-2135）及豐濱SA販售。伊予薩摩湯除了上述地方，也在縣下的超市等處販售

松山伴手禮

05
杯墊

05
餐墊

06
大西陶藝／茶碗 堆花玫瑰

07
傳統炸魚餅(谷本蒲鉾店)／5片918日圓

06
陶彩窯／象嵌杯托

08
水引杯墊「和色飾」
(有高扇山堂)

05

伊予絣

日本三大絣布之一，是愛媛的傳統工藝品。編入松山市花山茶花的午餐墊，和可愛花朵形狀的杯墊等很受歡迎。

地圖p.34-D
☎089-968-1161
(城山橫丁體驗館)／在★、●物產館等處販售

06

砥部燒

砥部燒的窯廠──陶彩窯及大西陶藝的年輕陶藝家製作的作品。既重視傳統又兼具現代風的可愛杯盤等生活用品一應俱全。

在SHOP GALLERY大西☎089-962-2456、陶彩窯☎089-962-21、砥部燒觀光中心炎之里及物產館等處販售

07

炸魚餅

愛媛縣南予地區的特產。將在瀨戶內海捕獲的小魚連骨帶肉打成魚漿，再經過塑形、調味後油炸而成。另有加入蔬菜等的口味。

地圖p.34-D
☎089-961-4501
(愛媛愛顏觀光物產館)／在★、●物產館、超市等處販售

08

和色飾

愛媛傳統產業──四國中央市的「水引結」。以12月分的四季花草為意象製成的水引杯墊。也有華麗的禮金袋等。

地圖p.34-D
在伊織 松山店☎089-993-7557、伊織道後本店☎089-993-7588、茶玻璃セレクト☎089-945-1321販售

道後溫泉

區域的魅力度

不住宿溫泉
有
遊逛風情
★★★
美食
★★★

標準遊逛時間：4小時
道後溫泉本館(入浴)～
松山市立子規紀念博
物館～道後公園～石
手寺

觀光詢問處

道後觀光服務處
☎089-921-3708
松山觀光會議協會
☎089-935-7511

交通詢問處

伊予鐵道
☎089-948-3323
伊予鐵巴士
☎089-948-3172
伊予鐵售票中心
https://www.iyotetsu.
co.jp/information/
station/

文人墨客的最愛
歷史氣息濃厚的溫泉城

日本最古老、據稱有3000年歷史的道後溫泉。江戶子規和夏目漱石都曾造訪的道後溫泉本館，以及擁有中世紀古城遺蹟的道後公園、松山市立子規紀念博物館等，歷史和文學相關的景點眾多。

前往道後溫泉的方法

從松山機場請搭乘機場利木津巴士。經JR松山站、松山市站開往道後溫泉的巴士，從9時多到21時多大致上為每小時1～2班車。到♀道後溫泉驛前為40分、840日圓。從松山觀光港搭乘松山觀光港利木津巴士為43分、940日圓。

從JR松山站、松山市站出發時，請多加利用經大街道開往道後溫泉的市內電車。JR松山站起19分、松山市站起20分，票價均為180日圓。

遊覽順序的小提示

主要的景點都集中在道後溫泉站(市內電車的道後溫泉電車站)的步行範圍內。要去道後溫泉本館的話，由站前經過道後溫泉商店街很容易找到。商店街入口處設有道後觀光服務處(8:00～16:45、無休)，也有受理義工導覽的申請。

放生園
ほうじょうえん

地圖p.25-C、p.43-B
道後溫泉電車站下車🚶即到

位於道後溫泉站前的廣場，是將過去位於此地的放生池填埋之後建成。一隅的足湯（6:00～23:00）總有許多觀光客蜂擁而至，熱鬧非凡。醒目的機關鐘是為了紀念道後溫泉本館100週年而建，8:00～22:00每隔1小時（假日為30分）就會有小說《少爺》人物登場表演。

松山市立子規紀念博物館
まつやましりつしきねんはくぶつかん

地圖p.25-D、p.43-B
道後溫泉電車站🚶5分

集松山市出身的明治俳句家正岡子規與近代俳句相關資料於一堂的博物館。全館由「道後、松山的歷史」、「子規及其時代」、「子規的理想世界」三個部分構成。3樓展示著子規和夏目漱石同住時的愚陀佛庵局部模型。

☎ 089-931-5566　📍 松山市道後公園1-30
🕐 9:00～17:00（5月～10月為～18:00）
🈲 週二、假日翌日　💴 400日圓
🅿 22輛（30分100日圓）

道後公園
どうごこうえん

地圖p.25-D、p.43-B
道後溫泉電車站🚶 5分

在中世紀豪族河野氏的居城湯築城遺蹟上修建的公園，參考出土架構以重現武士宅邸、土堤及庭園等。連內部都復原的武士宅邸裡，以立體方式重現連歌會和廚房的模樣；資料館內則展示了河野氏的歷史和出土遺物等。

☎ 089-941-1480（湯築城資料館）
📍 松山市道後公園
🕐 入園不限。資料館等展示設施為9:00～17:00
🈲 週一（逢假日則翌日休）　💴 免費
🅿 西口23輛、北口11輛（30分100日圓）

伊佐爾波神社
いさにわじんじゃ

地圖p.25-D、p.43-B
道後溫泉電車站🚶 8分

擁有和石清水八幡宮、宇佐八幡宮並列為日本代表性八幡造的社殿。身為日本國家級重要文化財的社殿，是1667(寬文7)年時松山藩主松平定長達成流鏑馬射箭必中祈願，為了還願所建。迴廊上還有繪馬及罕見的關流和算算式匾額等。

石手寺
いしてじ

地圖p.25-D
道後溫泉電車站🚶15分。或搭乘🚌伊予鐵市內巴士開往湧淵等地的⑧號東野線5分，🚏石手寺下車🚶即到

四國靈場第51號參拜所。據說728(神龜5)年，由國司越智玉純執行聖武天皇的勅命所興築的古剎。據說樓門的金剛力士像是堪慶打造，而本尊藥師如來像則是行基所作。樓門(仁王門)是國寶，本堂、三重塔、五輪塔等則是國家重要文化財。

☎ 089-977-0870
📍 松山市石手2-9-21
🕐 境內不限　💴 寶物館200日圓
🅿 20輛（1小時210日圓）

先了解入浴和休息的方式

「道後溫泉本館」大探訪

地圖p.43-B

號稱日本最古老溫泉的道後溫泉，其象徵是名列國家重要文化財的「道後溫泉本館」。在文人墨客先後造訪、風格獨具的建築物裡，享受道後的溫泉吧。

抵達道後溫泉本館後

在玄關右側的購票處買入浴券，將鞋子放入鞋箱後進入，在正面的票口出示入浴券，不使用休息室的人直接前往神之湯更衣室。使用休息室時，請按照地板上鋪的黃、紅、藍標示，前往以顏色區分的休息室。

入浴、休息費用的計算方式

本館裡有神之湯、靈之湯這2種浴室，以及神之湯2樓席（大通鋪）、靈之湯2樓席、靈之湯3樓包廂這3種休息室。入浴券是採用浴室搭配休息室的方案來供人選擇（參考下圖）。首先要選擇浴室，看是要大眾澡堂類型的神之湯還是有私人空間的靈之湯，再選擇自己喜歡的休息室來搭配即可。

價目表

懷舊的票口

POINT

抵達後到入浴、休息的流程

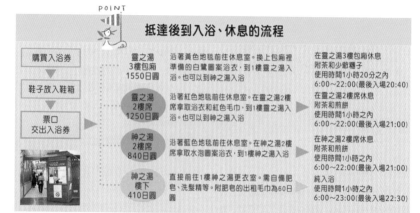

購買入浴券			
鞋子放入鞋箱	靈之湯3樓包廂1550日圓	沿著黃色地毯前往休息室。換上包廂裡準備的白鷺圖案浴衣，到1樓靈之湯入浴。也可以到神之湯入浴	在靈之湯3樓包廂休息附茶和少爺糰子 使用時間1小時20分之內 6:00～22:00（最後入場20:40）
票口交出入浴券	靈之湯2樓席1250日圓	沿著紅色地毯前往休息室。在靈之湯2樓席享取浴衣和紅色毛巾，到1樓靈之湯入浴。也可以到神之湯入浴	在靈之湯2樓席休息附茶和煎餅 使用時間1小時之內 6:00～22:00（最後入場21:00）
	神之湯2樓席840日圓	沿著藍色地毯前往休息室。在神之湯2樓席享取水泡圖案浴衣，到1樓神之湯入浴	在神之湯2樓席休息附茶和煎餅 使用時間1小時之內 6:00～22:00（最後入場21:00）
	神之湯樓下410日圓	直接前往1樓神之湯更衣室。需自備肥皂、洗髮精等。附肥皂的出租毛巾為60日圓	純入浴 使用時間1小時之內 6:00～23:00（最後入場22:30）

※道後溫泉本館自2019年1月起一邊營業一邊進行修繕工程。視時期可能有無法開放使用的設施。

工程相關資訊請參考 https://dogo.jp/onsen/honkan。

POINT

種類豐富！道後溫泉本館的浴室與休息室

靈之湯3樓包廂

可以長時間使用，泡完湯後愜意休息。因包廂數不多，可能會客滿

神之湯2樓席

位於2樓有27.5坪的大通鋪。可以在這裡換浴衣，但常有人進出，到樓下更衣室換比較好。

靈之湯
3樓包廂

神之湯
2樓席

靈之湯
2樓席

神之湯

靈之湯

各休息室都有供應茶點

神之湯樓下

不使用休息室的100%大眾澡堂風格。從票口直接前往1樓神之湯更衣室

靈之湯2樓席

和靈之湯3樓包廂感覺不同，較有開放感。空間大約是神之湯2樓席的一半

神之湯

大眾澡堂形式的大浴池，沒有提供肥皂、洗髮精、潤髮乳等備品。背後的牆壁上有砥部燒陶板畫，描繪了與發現源泉有關的白鷺傳說及玉石神話。中央的湯釜很有特色

靈之湯

小而美的浴室，庵治石和大島石的浴池、大理石牆壁，都充滿了高級感。有提供肥皂、洗髮精、潤髮乳等備品

HINT

還有這種景點

◆又新殿

日本唯一的皇族專用浴室。桃山樣式的豪華建築，以御影石打造的專用浴室也是一大看點。有附導覽參觀行程，參觀費270日圓(若在靈之湯入浴則免費)。

◆少爺房間

位於本館3樓，和夏目漱石有關的房間。漱石的女婿松岡讓將其命名為「少爺房間」以紀念漱石。入館者可免費參觀。

TEKU TEKU COLUMN

道後溫泉本館的歷史

道後湯之町第一代町長伊佐庭如矢計劃將已經老舊的神之湯(現本館)進行大整修，找來舊松山藩的築城木匠坂本又八郎擔任首席師傅，又說服了周遭的反對聲浪，於1894(明治27)年完成了木造三層樓的堂皇建築。投入在當時可謂是鉅資的大手筆工程款13萬5000日圓，卻是已預見100年以後的英明決斷。之後風靡了夏目漱石等眾多文人和偉人的道後溫泉本館，在肌膚觸感柔順的溫泉水質加持下，如今依然是道後的「門面」。

詢問處●道後溫泉事務所 ☎089-921-5141

「道後溫泉本館」大探訪

41

美食&購物

居酒屋

道後麦酒館
どうごばくしゅかん

地圖p.43-B
道後溫泉電車站🚋5分

店家位於道後溫泉本館前，泡完湯可以來此暢飲當地酒廠水口酒造所釀的特產啤酒。酒名就是「道後啤酒」600日圓～，共有4種可選：味道清爽的科隆啤酒（Kolsch）、香醇的老啤酒（Altbier）、帶苦味的黑啤酒司陶特（Stout）、散發果香的小麥啤酒（Weizen），分別名為少爺、瑪丹娜、漱石、阿升。可以點一份含自製啤酒酵母的炸魚餅、章魚海帶魚板的餐點660日圓當下酒菜。

在道後溫泉別館「飛鳥乃溫泉」的對面，有一家由水口酒造經營的立飲酒吧「道後麦酒館別館」。從啤酒廠直送的道後啤酒，能夠輕鬆滋潤出浴後乾渴的喉嚨，因此這裡也很受歡迎。

📞 089-945-6866
📍 松山市道後湯之町20-13
🕐 11:00～22:00　　休 無休
💴 午餐1000日圓～
　　晚餐2500日圓～
🅿 附近有

咖啡廳

道後の町屋
どうごのまちや

地圖p.43-B
道後溫泉電車站🚋3分

將大正時代末期的建築改裝為咖啡廳，是像京都町屋般極為安靜舒適的休憩空間。點餐後才磨豆，再用心沖泡的咖啡490日圓～，也可以搭配戚風蛋糕等作為套餐。窗外的中庭也極美，是道後散步途中的絕佳休憩處。午餐時段有供應以愛媛鯛製成的炸鯛魚排漢堡、炸魚餅漢堡、湯之町漢堡等具當地特色的漢堡，也可以外帶餐點。

📞 089-986-8886
📍 松山市道後湯之町14-26
🕐 平日10:00～15:00（LO 14:00）
週六日、假日10:00～18:00（LO17:00）

休 週二、三
　　（逢假日則翌日休）
💴 咖啡490日圓～
🅿 附近有

溫泉煎餅

玉泉堂本舖
ぎょくせんどうほんぽ

地圖p.43-B
道後溫泉電車站🚋1分

1882（明治15）年創業的煎餅老店。只有販售仿造寶珠造型的預約制溫泉煎餅、限定販售的潮煎餅這2種商品。正岡子規臥病在床時所寫的日記《仰臥漫錄》中，也有提到這個煎餅。酥脆輕盈的口感、懷舊樸素的好味道為其特色。只有潮煎餅有盒裝。

📞 089-921-2528
📍 松山市道後湯之町12-31
🕐 10:00～18:00
休 週日、假日
🅿 附近有

道後溫泉
1:9,700
0　　200m

周邊廣域地圖 P.24-25

★ 設有足湯的旅館

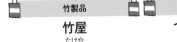

| 竹製品 | 少爺糖子 | 蛋糕 |

竹屋
たけや

地圖p.43-B
道後溫泉電車站 2分

　伊予特產竹子加工品的專賣店。竹製掏耳棒、泡溫泉時可帶去的竹籃3300日圓～等，都是不錯的伴手禮。

📞 089-921-5055
📍 松山市道後湯之町6-15
🕐 10:00～19:00
休 週二、三
🅿 附近有

つぼや菓子舖
つぼやかしほ

地圖p.43-B
道後溫泉電車站 3分

　夏目漱石小說《少爺》裡出現過，創業於1883年的老字號和菓子店。少爺糰子是將求肥以抹茶、蛋黃、紅豆這三色餡料包裹製成。5支600日圓～。

📞 089-921-2227
📍 松山市道後湯之町14-23
🕐 9：30～18:00、
　20:00～21:30
休 週二(逢假日則翌日休)
🅿 附近有

六時屋道後店
ろくじやどうごてん

地圖p.43-B
道後溫泉電車站 3分

　傳承手工美味的和菓子老店，商品包括將使用北海道頂級紅豆的自製餡料以蜂蜜蛋糕包捲而成的蛋糕1個130日圓等。

📞 089-943-6060
📍 松山市道後湯之町14-22
🕐 9:00～21:00
休 無休
🅿 附近有

道後溫泉

伊予のご馳走 おいでん家
いよのごちそう おいでんか

地圖 p.43-B
道後溫泉電車站 🚶 4 分

以每天早上由當地三津濱市場供應新鮮魚貨的料理自豪，鄉土料理「鯛魚飯」和三津的早市海鮮丼等菜色也很豐富。和入浴券成套販售的湯後御膳也非常受歡迎。

☎ 050-5485-7961
📍 松山市道後湯之町13-23
🕐 11:30～14:00 (LO13:30)
　　17:30～22:00 (LO21:00)
🈺 無休
💴 鯛魚飯 1500 日圓　🅿 無

※編註：該店於2023年4月發布停業公告，後續經營方針不明。

伊織 道後湯之町店
いおり どうごゆのまちてん

地圖 p.43-B
道後溫泉電車站 🚶 5 分

銷售「今治毛巾」的毛巾專賣店。在這間賣場面積廣達685平方公尺的開闊店鋪，1樓以高級今治毛巾為主要商品，販售毛巾材質的各種衣物、雜貨等。2樓備有能測試毛巾吸水

性的實驗空間等，也發揮了作為完善的今治毛巾資訊發信基地的功能。除了毛巾之外，瀨戶內產的嚴選加工食品及砥部燒等，最適合當作伴手禮的商品應有盡有。道後溫泉電車站附近也有伊織道後本店。

☎ 089-913-8122
📍 松山市道後湯之町20-21
🕐 平日 10:00～18:00
　　週六日、假日 9:30～18:30
🈺 無休
💴 迷你手巾 660 日圓～
🅿 無

道後 椿俱樂部
どうご つばきくらぶ

地圖 p.43-B
道後溫泉電車站 🚶 2 分

提供使用當地產鮮魚和時令蔬菜調理而成的日本料理。時尚和風的沉穩店內，可以感受到女性員工獨到的眼光與格調。由約10道菜構成的全餐料

理(需在1天前以前預約)可以配合客人更改菜色。

☎ 050-5484-1254
📍 松山市道後湯之町2-7
🕐 18:00～22:00 (LO21:00)
🈺 週日、一
💴 主廚特配全餐 6600 日圓～
🅿 無

山田屋道後溫泉店
日本茶カフェ 茶楽
やまだやどうごおんせんてん
にほんちゃかふぇ ちゃらく

地圖 p.43-B
道後溫泉電車站 🚶 5 分

位於道後溫泉本館東側的日本茶專門店。創業於1867 (慶應3) 年，是老字號和菓子店「山田屋」的直營店。有7種正統日本茶，可搭配名點山田屋饅頭一起享用。

☎ 089-921-5388
📍 松山市道後鷺谷町5-13
🕐 10:00～18:00
🈺 無休
💴 雾茶 902 日圓
🅿 無

住宿

歷史悠久的道後溫泉裡，遵循傳統卻又風格獨具的老字號旅館。每一家都是著名旅館，待客之道也純熟而高雅。無愧文學城市松山的美名，和文人相關的旅館也多。

 道後溫泉／旅館

ふなや

地圖p.43-B
道後溫泉電車站 🚶 3分

擁有創業390多年的歷史，是道後溫泉屈指可數的老字號旅館。經過1993年的大改裝，全館都改為現代化建築。幾乎所有的和室、洋室及和洋室都看得到廣達1500坪的日本庭園，有著老字號特有的沉穩典雅風格，散散步都有著萬種風情。建於溪流上走廊彼端的南館內，有露天浴池、檜木浴池、御影石浴池等溫泉。餐點是以瀨戶內海鮮為主的高雅筵席料理，備受好評。可以在「詠風庭」的川席用餐。

📞 089-947-0278
💴 1泊2食：平日26400日圓〜
ℹ️ 開業1626年／
　客房數58間
🅿️ 50輛

大和屋別莊
やまとやべっそう

地圖p.43-B
道後溫泉電車站 🚶 5分

正統全檜木造茶室建築的料理旅館。和松山相關的俳句家淵源深厚，館內種田山頭火和高濱虛子等人的書法和俳句畫處處可見，也以俳句旅館聞名。用餐的內容是精選瀨戶內山海美味和當令食材的懷石料理，菜色會每月更換。一道一道上菜的方式，能夠在客房好好品嘗以茶懷石為基礎做出的正統懷石料理。

所有房間都有日本金松做的浴池；露天大浴池另供應免費生啤酒，泡完湯後來上一杯清涼解渴。備有高雅的浴衣，可自行選澤。

📞 089-931-7771
💴 1泊2食：平日29400日圓〜
ℹ️ 開業1937年／
　客房數19間
🅿️ 12輛

大和屋本店
やまとやほんてん

地圖p.43-B
道後溫泉電車站 🚶 5分

擁有正統能樂舞台的風雅旅館。茶室風格的客房極為講究，紙拉門和天花板每間都不一樣。晚餐在館內的料亭或餐廳進餐。有著木造天花板和岩石浴池，氛圍沉穩的大浴場也極受歡迎。

📞 089-935-8880
💴 1泊2食：平日22000日圓〜
ℹ️ 開業1868年／
　客房數91間
🅿️ 70輛

 道後溫泉／旅館

道後館
どうごかん

地圖p.43-B
道後溫泉電車站 🚶 5分

建築師黑川紀章設計的現代風格飯店。以江戶時代的客棧為概念設計的館內，傳統之美和現代風格互相調和，民藝、京風、花數寄等不同的房間，風格及特色各異其趣。浴池的種類也很多，大浴場分為熱

湯、溫湯、瀑布湯、躺式浴池、露天浴池等，相當完備。晚餐是以當令海鮮為主，包含以當令海鮮為主的鄉土料理，可以品嘗充滿四季風情、多彩繽紛的筵席料理。

 089-941-7777
¥ 1泊2食：平日24200日圓～
ℹ 開業1998年／客房數90間
P 60輛(1晚500日圓)

♨ 道後溫泉／旅館 ♨

花ゆづき
はなゆづき

地圖 p.43-B
道後溫泉電車站 🚶 5分

建於道後溫泉本館的附近，具有現代風格外觀的溫泉旅館。從大廳所在的2樓一路延伸至11樓的挑高中庭令人印象深刻。位於頂樓的露天瞭望大浴池視野絕佳而備受歡迎，可以

遠眺以松山城為首的松山市區風光。可享用在地招牌伊予牛的「絹之味」及瀨戶內鯛魚海鮮的筵席料理人氣很高。

 089-943-3333
¥ 1泊2食：平日12650日圓～
ℹ 開業1990年／客房數43間
P 40輛(1晚500日圓)

♨ 道後溫泉／大飯店 ♨

道後山の手ホテル
どうごやまのてほてる

地圖 p.43-B
道後溫泉電車站 🚶 6分

位於溫泉街中心位置，英國式紅磚外觀引人注目的飯店。優雅客房的內裝和壁紙等都使用進口貨。餐廳有專屬侍酒師，會從酒窖的1000種葡萄酒中為客人精選出專屬的一瓶。

 089-998-2111
¥ 1泊2食：平日19250日圓～
ℹ 開業2004年／
　客房數70間
P 36輛(1晚800日圓)

♨ 道後溫泉／大飯店 ♨

椿館酒店
ほてるつばきかん

地圖 p.43-B
道後溫泉電車站 🚶 8分

像是明治時代洋館的外觀十分引人注目。穿著箭翎紋袴裙扮成瑪丹娜的工作人員會在飯

店大門前迎客。挑高3樓的大廳和館內的裝潢，都散發出明治時期的風雅。晚餐還可以品嘗明治時代流行一時的壽喜燒風牛肉鍋。

 089-945-1000
¥ 1泊2食：平日15400日圓～
ℹ 開業1981年／客房數90間
P 80輛(1晚500日圓)

♨ 道後溫泉／旅館 ♨

ホテル古湧園
ほてるこわくえん

地圖 p.43-B
道後溫泉電車站 🚶 5分

家庭式待客風格的旅館。坐落於山丘上，從高於5樓的客房可以看到松山市區、石鎚連峰和瀨戶內海。一共11道菜、分量十足的筵席料理也頗富盛名。大浴場可以24小時入浴，提供露天浴池所在的白鷺湯等3種浴池。

 089-945-5911
¥ 1泊2食：平日14300日圓～
ℹ 開業1959年／
　客房數87間
P 60輛(1晚500日圓)

住宿指南

道後溫泉周邊

CHAHARU 離れ道後夢蔵	♪089-931-1180／地圖：p.43-B／1泊2食24200日圓～ ●備品使用砥部燒和今治毛巾等愛媛的特產品。
別邸 朧月夜	♪089-915-2222／地圖：p.43-B／1泊2食45250日圓～ ●精選愛媛特有的山珍海味，全客房附露天浴池。
道後御湯	♪089-931-7111／地圖：p.43-B／1泊2食34960日圓～ ●全30間客房附露天浴池，頂樓有瞭望大浴池與露天浴池。
道後 やや	♪089-907-1181／地圖：p.43-B／附早餐Ⓢ8330日圓～ ●氛圍溫暖的時尚和風客房。使用今治毛巾。
ホテル茶玻瑠	♪089-945-1321／地圖：p.43-B／Ⓢ1泊2食14850日圓～ ●頂樓（10樓）的露天浴池可一覽松山市區。
Hotel Patio Dogo	♪089-941-4128／地圖：p.43-B／7500日圓～ ●全客房使用席夢思床墊。設有「日本料理すし丸道後店」。
ホテル八千代	♪089-947-8888／地圖：p.43-B／1泊2食29700日圓～ ●供應以愛媛縣「鯛魚」為主的料理。

松山市內

松山全日空皇冠假日飯店	♪089-933-5511／地圖：p.34-D／Ⓢ5950日圓～ ●位於市中心。是觀光據點中備齊最佳條件的特等座。
松山東急REIホテル	♪089-941-0109／地圖：p.34-D／Ⓢ6500日圓～ ●鄰近大街道電車站。松山城及坂上之雲博物館也在徒步範圍內。
松山巢酒店	♪089-945-8111／地圖：p.25-G／Ⓢ5250日圓～ ●往松山城、道後溫泉交通也方便！步行至超商也只要1分♪
ホテルNO.1松山	♪089-921-6666／地圖：p.34-F／Ⓢ5500日圓～ ●有露天溫泉浴池。離大街道等餐飲店很近。
東京第一飯店 松山	♪089-947-4411／地圖：p.34-E／Ⓢ5500日圓～ ●北側的客房可以一覽松山城。
えひめ共済会館	♪089-945-6311／地圖：p.34-E／Ⓢ3630日圓～ ●全部客房免費上網。
チェックイン松山	♪089-998-7000／地圖：p.34-F／Ⓢ4800日圓～ ●2012年全客房翻修完成。有引自奧道後溫泉的溫泉水。

松山站周邊

ホテルクラウンヒルズ松山	♪089-924-2121／地圖：p.24-A／Ⓢ4800日圓～ ●專屬主廚調理的日西式自助早餐備受好評。
松山燦路都大飯店	♪089-933-2811／地圖：p.24-E／Ⓢ6100日圓～ ●全客房免費有線網路及Wi-Fi。JR松山站步行3分。
スカイホテル	♪089-947-7776／地圖：p.24-E／Ⓢ7504日圓～ ●擁有從JR松山站步行3分可至的地利之便。休閒或商辦皆宜的據點。

松山・道後溫泉

砥部陶藝相關處所大巡禮

「砥部燒的故鄉」漫步

地圖p.166-E

擁有230年以上歷史的「砥部燒」故鄉——砥部町，至今町內仍有約100家陶器廠散布其中。漫步在陶板鋪成的散步道上，認識砥部燒的歷史，同時挑戰一下製作陶器吧。

前往砥部的方法

從松山市站搭乘往砥部方向（砥部斷層口、砥部大岩橋）的伊予鐵巴士，在♀砥部燒伝統産業会館前下車（44～49分、680日圓）。從砥部燒傳統產業會館出發，主要的景點都可以步行逛完。回程時除了在同一個巴士站之外，也可以在♀砥部燒観光センター口搭乘相同巴士。

START

♀ 砥部燒伝統産業
会館前步行1分

砥部燒傳統產業會館

館內展示著砥部燒的一切，從陶器時代的作品、畫有錦繪的著名陶器等歷史性作品，到表現出各個時代特色的作品，以及現代藝術家的傑作等都有。陶器上維妙維肖的塗繪很有意思，展示在大門口高2.3公尺的大壺也極為出色。

- ☎ 089-962-6600
- ◷ 9:00～17:00
- ㊡ 週一（逢假日則翌日休）
- ¥ 300日圓

精美的大壺

一起了解砥部燒吧

步行2分鐘可至
陶板步道口

梅野青興陶園

位於陶祖之丘的窯廠，登窯時代的古老磚造煙囪就是路標。木造雙層樓寬廣建築物裡，展示販售著自家燒製的陶器，可以把玩從資深師傅到年輕陶工們的各式作品。2樓兼作為展示廳，展示著使用登窯燒出的陶藝作品，窗外景色也很不錯。

- ☎ 089-962-2142
- ◷ 9:30～17:30
- ㊡ 無休

找找喜歡的器皿吧

從陶板步道入口
步行5分

陶板步道、陶祖之丘

陶板步道是從砥部燒傳統產業會館延伸至陶祖之丘、砥部町陶藝創作館等地的散步道。通往成功燒出瓷器的陶祖杉野丈助石碑所在地陶祖之丘山頂的坡道上，除了鋪有當地陶工們製作的有趣陶板之外，沿途還可以欣賞到陶壁畫和句碑等各種砥部燒工藝品。散步道雨天溼滑，應注意。

陶祖之丘的藝術牆

約500公尺的觀光步道

梅野青興陶園
步行3分

砥部町陶藝創作館

想要嘗試親手製作砥部燒的人，就到位於陶板步道出口的砥部町陶藝創作館，挑戰一下彩繪陶器吧（需時30分～1小時、300日圓～）。從陶工做好的約60種碗、杯等素胚中選出自己喜歡的，先用鉛筆打底，再用毛筆將名為吳須的釉料濃淡分明地塗上去。接下來就是委託館方燒製了，程序上在約3～4週後會將成品寄到府上。

📞 089-962-6145
🕘 9:00～17:00（繪製報名為～16:00）
🈺 週四（逢假日則翌日休）

挑戰繪製圖樣

砥部町陶藝創作館
步行15分

砥部燒觀光中心 炎之里

最後，在離開陶祖之丘後，到國道33號路旁的砥部燒觀光中心炎之里逛逛。在此可以參觀從練土到繪圖、燒成等砥部燒的全部製造過程。此外，在販賣部還有展示、販售砥部燒所有窯廠的作品。從便宜的日用雜器到藝術作品等一應俱全。

📞 089-962-2070
🕘 9:00～17:00（冬季平日可能縮短）
🈺 12月31日
💴 製造過程免費參觀（～16:00）

參觀師傅繪製圖樣

就在隔壁

Jutaro

等巴士的時間，可以去炎之里南側的咖啡餐廳。使用當地蔬菜和素麵烹調而成的日本料理人氣很高，碗盤則是配合菜色使用砥部燒。

往松山
富士橋
N
0　200m
砥部橋
砥部燒觀光中心 炎之里　P49
新大南橋
大南橋　Jutaro P49　砥部燒觀光中心
センター口　砥部新橋
33　千足　往久萬高原
北川毛　379
陶芸橋　大宮八幡宮
松山南高砥部分校
砥部燒伝統產業會館前　伊予銀行
岩谷口
砥部燒傳統產業會館　P48
高野橋　坂村真民紀念館
梅野青興陶園　P48　陶板步道　P48　学園橋
砥部町陶藝創作館　P49　陶祖之丘　P48
砥部小　伊予陶磁器協同組合　熊野神社
往廣田

砥部
周邊廣域地圖P166-167

TEKU TEKU COLUMN

砥部燒是什麼

砥部燒的歷史悠久，原來是以陶器燒製日用雜器。現在的砥部燒，據說是杉野丈助在1777(安永6)年成功燒出白瓷之後開始的。特徵是比一般陶器厚，沒什麼裝飾的造型和堅硬材質。潔淨的白瓷上所繪的藍色圖樣(吳須繪)極美。

日用餐具人氣頗高的砥部燒

砥部燒祭

每年4月的第3週六、日，在砥部町綜合公園，以及砥部燒傳統產業會館等地舉辦的砥部燒慶典。該活動預期在兩天內以大特價賣出15萬件陶器，因此從縣外會擁進約10萬名觀光客來尋寶，熱鬧非凡。

📞089-962-7288（砥部町商工觀光課）

📞 089-960-7338
🕘 11:00～18:00（之後為完全預約制）
🈺 第2週四

Jutaro 午餐 1650 日圓～

內子

觀光詢問處

內子町城鎮地區振興課
☎0893-44-2118
八日市護國街景保存中心
☎0893-44-5212
內子町觀光協會
☎0893-44-3790

交通詢問處

JR
JR內子站
☎0893-44-2233

路線巴士
內子町町營路線巴士、
應召巴士
☎0893-44-6150

計程車
內子計程車
☎0893-44-2345
池田計程車
☎0893-44-2191

探訪留有富商風貌的
古老城鎮街道

　　留有長達600公尺灰泥牆建築及土牆倉庫的八日市護國地區街景。使用商家或町家建築改裝的博物館、咖啡店、伴手禮店和工匠店鋪等，建築物都集中在一起。周邊有些寺院和劇場，可以充分享受古老氛圍的風景和樂趣。

HINT

前往內子的方法

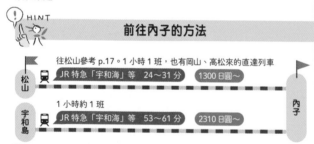

松山　往松山參考p.17。1小時1班，也有岡山、高松來的直達列車
　　　JR特急「宇和海」等　24～31分　　1300日圓～　　內子

宇和島　1小時約1班
　　　JR特急「宇和海」等　53～61分　　2310日圓～

HINT

遊覽順序的小提示

　　主要的景點是八日市護國地區街景，從JR內子站可以步行往返；內子座與商業和生活博物館等景點，都在步行的路途中。搭計程車去高昌寺或八日市護國街景保存中心（約5分，730日圓～1160日圓），再一邊走去車站一邊遊逛沿途也是不錯的選擇。

內子座

うちこざ

地圖p.57-E
內子站🚶13分

　　1985(昭和60)年時，建於1916(大正5)年的正宗歌舞伎劇場修復完成。入口的招牌和廣告也充滿了大正時代的氛圍。木造瓦頂雙層樓旋轉式舞台、演員出入場的花道、舞台下的小房間等舞台設備，到木窗和觀眾席等，都有著當時的熱鬧感覺。建築是歇山式屋頂，屋頂上的隆起令人印象深刻。

　　內子座現在作為多用途大廳使用，常會舉辦戲劇、寄席、演講會和演唱會等活動。有活動時內部不開放參觀，事先洽詢比較保險。

📞 0893-44-2840
📍 內子町內子2102
🕐 9:00～16:30　🈺 無休
💴 400日圓　🅿 8輛

商業和生活博物館
(內子町歷史民俗資料館)

あきないとくらしはくぶつかん(うちこちょうれきしみんぞくしりょうかん)

地圖p.57-D
內子站🚶15分

　　重現1921(大正10)年時期的藥店日常生活的奇特博物館。一進到屋內，人偶就會以內子方言說「歡迎光臨」。透過這些人偶，來向遊客演示如店門口的經商之道等往昔的13個場景。建築物使用的是江戶末期到明治初期的商家建築，館內隨處放置的古早遊戲器材也值得觀摩。土牆倉庫裡展示著介紹內子町歷史和民俗、人物等的資料。

📞 0893-44-5220　📍 內子町內子1938
🕐 9:00～16:30　🈺 過年期間
💴 200日圓　🅿 無

內子

隨興遊逛

八日市護國地區街景

ようかいち・ごこくのまちなみ

八日市護國地區街景裡，以生產木蠟而興旺的江戶末期到明治時期的商家和町屋比鄰而立，在懷念過往的同時享受風雅的街景巡禮。

01 遊逛2小時

八日市護國
地區街景

大推薦！

有著古老白牆景觀，長約600公尺的風雅街道。有許多使用古老建築改裝而成的伴手禮商店、商家及資料館等。

JR內子站🚶‍♂️20分／詢問處 ☎ 0893-44-5212（八日市護國街景保存中心）／⏰ 散步不限

---

02 和紙雜貨400日圓～

あたらしや

將江戶時代後期經營染布店的建築改裝而成的民藝品店，當地的伴手禮一應俱全。也設有咖啡廳區和民俗資料展示處。

☎ 0893-44-3104
⏰ 9：00～17：00
🈺 週三、可能不定休

03 參觀5分鐘

大村家住宅

街道上最古老的民宅之一，只能觀賞蔀戶和蟲籠窗等町家特有的外觀。和隔壁的富商本芳我家比較一番，就可以了解當時商人的生活(p.55)。

---

04 參觀10分鐘

本芳我家住宅

原是木蠟商家本芳我家的本家宅邸。隨處都可以看到使用灰泥的懸魚和鏝繪、鳥衾等奢華的設計。只開放外觀和庭園參觀(p.55)。

☎ 0893-44-5212（八日市護國街景保存中心）／⏰ 9:00～16:30／🈺 12/29～1/2／🎫 免費

---

05 參觀20分鐘

木蠟資料館
上芳我邸

是蠟商芳我家的旁支之一，赭紅格子窗和海參牆極美。腹地內有釜場和製蠟小屋、土牆倉庫等建築(p.55)。

☎ 0893-44-5212（八日市護國街景保存中心）／⏰ 9：00～16：30／🈺 12/29～1/2／🎫 500日圓

内子
1:5,000
0 ——— 100m

♪步行2分

N

高昌寺 卍
涅槃像

Ⓟ 町並停車場

清正川

⑦ 八日市護國街景保存中心

GOAL

可以看到竹編
工藝的作業模樣

武工房

護国橋

常夜灯

[3分]

清正橋

3步就能跨過
的木橋

[3分]

河野商店

図 内子中

八日市護國地區街景 ①

木蠟資料館
上芳我邸 ⑤
上芳我倶楽部

[3分]

舊銀行總裁別墅。
可以參觀中庭

中芳我邸

⑥ とんぼ玉工房アトリエ猫草

藍布
月乃家

P.56 いなりや Ⓡ

④ 本芳我家住宅
③ 大村家住宅

[5分]

爬上平緩的坡道

老闆娘是曲獨樂的名士

長生民芸店

Ⓡ かわせみ P.56
さろんど八日布

道後屋町並せんべい舗 Ⓡ

あたらし屋 ②

町家資料館 Ⓜ
再来

名為枡形的道路建築
方式。據說是為了防
止敵人進入而建造的

P.58 大森和ろうそく屋 Ⓢ
START

Ⓢ 森文あま酒茶屋 P.58

文化交流ヴィラ
高橋邸

往此地的方法
子站步行20分
交通方式參考
50

中町通り

伊予銀行

Ⓢ 坂見輝月堂 P.58
Ⓢ 我が子菓子 饗蔵 P.58

往內子站

内子

遊覽順序的小提示

! HINT

伊予銀行內子分行
到台地是平緩的坡
道。道路兩邊散布著
古老的建築，應一間
一間好好逛逛。途中
到開放參觀的中庭看
看也不錯。

06 吊飾2580日圓～

とんぼ玉工房
アトリエ猫草

利用古民宅改建的工坊
兼藝廊。顏色鮮豔的玻璃
和金箔做的玻璃珠都是店
主獨創商品。

♪ 0893-44-7883
🕐 11:00～17:00
㊡ 不定休（製作時公休）

07 參觀10分鐘

八日市護國
街景保存中心

將江戶時代後期的舊藤
岡家住宅改裝而成。完整
保存了當時的外部設計和
部戶、床几（長凳）等；內
部是運用解說板和資料，對
街區歷史進行解說的空間。

♪ 0893-44-5212
🕐 9:00～16:30
㊡ 週二、假日
💰 免費

53

町家資料館
まちやしりょうかん

地圖p.57 D
內子站🚶20分

將江戶時代典型的町家作為資料館對外開放參觀，是將1793(寬政5)年建造的商家復原的建築物。建築本身是低矮的雙層樓建築，可以取下的大門板和蔀戶將江戶時代的建築特徵表露無遺。館內可以觀賞昔日的生活用具及農耕用具等。

📞 0893-44-5212(八日市、護國街景保存中心)
📍 內子町內子3023　🕐 9:00～16:30
🈺 過年期間　💴 免費　🅿 無

八日市護國地區街景
ようかいち・ごこくのまちなみ

地圖p.57-B
內子站🚶20分

內子是江戶時代到明治、大正時代，因為生產木蠟與和紙而繁榮的城鎮。在八日市護國地區，保有當時風貌的商家戶戶連綿約600公尺。本芳我家和大村家住宅名列國家重要文化財；街道則被選為國家級重要傳統性建築物群保存地區。道路兩邊有著利用古老町家建築打造的餐廳和伴手禮店，部分店家還開放觀賞工藝品製作過程。

📍 內子町城廻211

TEKU TEKU COLUMN

八日市護國地區街景
滿是精巧手藝的建築設計大比較

八日市護國街道上，留有以生產木蠟與和紙而繁盛一時的江戶～明治、大正時代的商家，特色在於每一戶宅邸都有著不同的風貌。本芳我家和上芳我家等代表性商家，多樣的灰泥雕刻和特殊設計的海參牆、風格獨特的鬼瓦和鳥衾等，都是極為講究的建築。相對地，町家就是質樸的建築了。1樓設有大門窗、蔀戶、床几等，但各有不同的創意和精巧的手藝。

鏝繪…以灰泥製作的浮雕雕刻。
鬼瓦…屋脊兩端的大型瓦片。

海參牆…將外牆貼合面上的灰泥墊高打造的塗壁手法。
鳥衾(雀瓦)…在鬼瓦上方突出的瓦片。
床几…不使用時吊高收起的長椅。
蔀戶…可以吊高或拆下來的木板窗。
蟲籠窗…造型似蟲籠而得名的外窗。商家重豪華，町家重簡樸。

大村家住宅
おおむらけじゅうたく

地圖p.57-D
內子站🚶22分

於江戶時代末期的寬政年間（1789～1801）建成的住宅，是日本國家級的重要文化財。隨著時代的變化，業主不斷地改變行業，從雜貨店到農業、染布店、生絲製造業、郵票販賣店等，以便維持生計。主屋、裡屋、柴房等都維持著當年的樣貌。現在仍有人居住。

📍 內子町內子2892

本芳我家住宅
ほんはがけじゅうたく

地圖p.57-D
內子站🚶23分

構築起內子木蠟生產基礎的大商家芳我家的本家宅邸。初代彌三右衛門發明了獨家的木蠟製法「伊予式箱曬法」，後由子孫多次改良、銷往海外等，因而累積了可觀的財富。宅邸於1884(明治17)年建成，是日本國家重要文化財。內部未對外開放，但可以參觀建築物外觀和極美的庭園。從使用灰泥的罕見懸魚、鬼瓦、鳥衾，便可一窺其榮華富貴的程度。

📞 0893-44-5212(八日市護國街景保存中心)
📍 內子町內子甲1547
🕘 庭園參觀為9:00～16:30
🚫 12/29～1/2
💰 免費　🅿無

木蠟資料館 上芳我邸
もくろうしりょうかん かみはがてい

地圖p.57-B
內子站🚶25分

1894(明治27)年建成的上芳我家住宅，是以蠟商著稱的本芳我家旁支之一，目前則作為資料館使用。約4300平方公尺的廣大腹地內，有著宅邸和土牆倉庫、展示棟等建築。宅邸是國家級重要文化財，可以參觀釜場、主屋、表演室等房間。每年一次，在壓榨室裡會實際表演一次生蠟的製作過程。展示棟裡，則有影片介紹木蠟的製作流程和模型等。製蠟用具是國家級重要有形民俗文化財。

📞 0893-44-5212(八日市護國街景保存中心)
📍 內子町內子2696　🕘9:00～16:30
🚫 12/29～1/2
💰 500日圓　🅿無

內子

懸山式屋頂的上芳我邸

高昌寺
こうしょうじ

地圖p.57-B
內子站🚶25分

興建於1441(嘉吉元)年的曹洞宗古剎。正門前有巨大的石造涅槃佛坐鎮；本堂和庫裡等佛堂和山門等的建築，是仿福井縣永平寺的配置，因此又稱為伊予的迷你永平寺。本堂使用巨大的楠木，又有「楠寺」的別名。每年3月15日舉辦的涅槃祭可以觀賞到美麗的幼兒遊行的盛況。

🎵 0893-44-2409　📍 內子町城廻117
🕐 境內不限　🅿 10輛

美食&購物

蕎麥麵料理

蕎麦 つみ草料理 下芳我邸
そば つみくさりょうり しもはがてい

地圖p.57-D
內子站🚶15分

從憑木蠟致富的富商舊宅改裝而成的餐廳，歷史悠久的各項日常用品自然地擺在各處，令人緬懷過去的時光。使用石臼磨出北海道產蕎麥粉的蕎麥麵，以及使用山菜、蔬菜等內子產食材的料理極負盛名。每月更換菜色的郊遊便當1590日圓人氣也很高。

🎵 0893-44-6171
📍 內子町內子1946
🕐 11:00～15:00
🈺 週三
💰 郊遊便當1590日圓
🅿 10輛

超大豆皮壽司

いなりや

地圖p.57-D
內子站🚶25分

有一般豆皮壽司2～3倍大的超大豆皮壽司170日圓極為出名。昭和初期創業時至今未變的超大豆皮，要花一晚浸在醬料裡再燉煮而成。使用越光米的壽司飯裡放了山菜、蔬菜等季節食材，柚子的微微香氣更是誘人。

以炭火烤肉、蔬菜及魚等的地爐炭烤2000日圓～(需預約，17:00～)也非常受客人歡迎。

🎵 0893-44-2218
📍 內子町內子2738
🕐 11:00～14:00、17:00～20:00(晚上僅接待預約客)
🈺 不定休
💰 超大豆皮壽司170日圓
🅿 2輛

咖啡廳&甜點

まちの駅Nanze
まちのえきなんぜ

地圖p.57-D
內子站🚶10分

位於內子町遊客中心(觀光資訊中心)A・runze後方的咖啡廳&商店。使用町內產品製成的甜點及午餐、添加新鮮水果的高級刨冰(冬季除外)很有人氣。

往松山

清正池

N

0   300m

A

高昌寺 P56

P 町並停車場

P53 八日市護國街景保存中心

常夜灯   護国橋

清正川

内子中   清栄橋

有座幾步就能跨過的小橋

B

木蠟資料館
上芳我邸
P52.55

平緩坡道兩側留有
江戶到明治時代的
商家建築

P52.54 八日市護國地區街景

P53 とんぼ玉工房アトリエ猫草 Ⓢ

P56 いなりや Ⓡ

P52.55 本芳我家住宅

P52.55 大村家住宅

山本神社

長生民芸店 Ⓢ

道後屋町並せんべい舗

天神社

あたらし屋 P52

P54 町家資料館 Ⓜ

C

内子小

森文あま
酒茶屋
P58

P58 大森和ろうそく屋 Ⓢ

酒六酒造

文化交流ヴィラ
高橋邸

伊予銀行

P56 蕎麦 つみ草料理 下芳我邸

火防地蔵

坂見輝月堂
P58

路寬很窄的巷弄

中町通り

菓子と器の宮栄 P58

内子高

八幡神社

内子自治センター
図書情報館

児童館

商業和生活博物館 P51
(内子町歴史民俗資料館)

内子町遊客中心A・runze

P58 まちの駅Nanze Ⓡ

往松山

D

愛媛銀行

知清橋

甘味喫茶COCORO

新町通り

P51 内子座

知清橋

予讃線

往五十崎

郷之谷橋

旅館松乃屋 Ⓗ

禅昌寺

金毘羅
常夜灯

Hotel AZ 愛媛内子

内子郵便局

内子駅前

栄橋

内子町役場・
内子分庁舎

内子分庁前

恵美須神社

E

本町通り

F

小田川

旅里庵(旅遊服務處)

三嶋神社

フジ

56

瀬之谷川

遊行上人堂

往宇和島

往松山自動車道内子五十崎IC

📞 0893-44-6440
📍 内子町内子2023
🕙 10:00～16:30
㊡ 週四　🅿 20輛

🛍 栗饅頭 🛍

坂見輝月堂
さかみきげつどう

地圖p.57-D
內子站🚶18分

　店內充滿明治後期開業的老店獨有的風格，栗饅頭1個120日圓，是內子的代表性名點。使用內子產栗子做的白豆沙餡有著古早的樸實甜味，適合搭配日本茶和咖啡等飲品享用。最中1個120日圓也頗受歡迎。

📞 0893-44-2865
📍 內子町內子1959
🕙 9:30～18:00
㊡ 不定休　🅿 3輛

🛍 醬油、味噌 🛍

森文あま酒茶屋
もりぶんあまざけぢゃや

地圖p.57-D
內子站🚶19分

　1893（明治26）年創業的醬油及味噌釀造廠。祕藏醬油500ml540日圓和祕傳醬270日圓，都很適合作為伴手禮。也有西印度櫻桃汁、雞蛋醋等健康飲料。在店內一隅可以享用店家自製的甜酒。

📞 0893-44-3057
📍 內子町內子2240-1
🕙 8:00～18:30
㊡ 無休
🅿 3輛

🛍 日本蠟燭 🛍

大森和ろうそく屋
おおもりわろうそくや

地圖p.57-D
內子站🚶20分

　江戶時代創業至今的日本蠟燭店。由第6代、第7代店主父子手工製作的一支支日本蠟燭共有大小7種。特徵是火焰大而黑煙少，也不怕風，可以長時間燃燒，1支297日圓～。也可以隔著玻璃，參觀大森先生以古老製法製造日本蠟燭的模樣。

📞 0893 43-0385
📍 內子町內子2214
🕙 9:00～17:00
㊡ 週二、五（也有可能營業，需至官網確認）
🅿 使用町並停車場（300日圓）

🛍 煎餅、豆類、番薯點心 🛍

菓子と器の宮栄
かしとうつわのみやえい

地圖p.57-D
內子站🚶18分

　以製作孩童也能安心食用的點心為宗旨，致力於盡可能地不添加多餘食材，供應一系列樸素的點心。以口感酥脆而頗受歡迎的雞蛋花生煎餅12片302日圓為首，有很多使用當地食材製成的商品。也可以試吃，不妨比較看看。

📞 0893-44-2657
📍 內子町內子1958
🕙 9:00～18:00
㊡ 週三
🅿 3輛

大洲

大洲

受惠於肱川而富饒的
伊予小京都

有清澈肱川流過城鎮中央的水鄉大洲，是伊予大洲藩6萬石的城下町，也被稱為伊予的小京都。肱川南岸的街區到處都留有古老商家和民宅的道路，散發懷古的風情。

前往大洲的方法

往松山參考 p.17。1 小時 1 班。也有岡山、高松的直達車

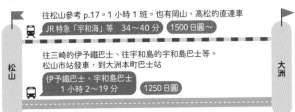

| 松山 | JR特急「宇和海」等 34〜40 分 1500 日圓〜 | 大洲 |

往三崎的伊予鐵巴士、往宇和島的宇和島巴士等。
松山市站發車，到大洲本町巴士站

伊予鐵巴士、宇和島巴士
1 小時 2〜19 分 1250 日圓

遊覽順序的小提示

散步的起點以「大洲まちの駅あさもや」為宜，從伊予大洲站前搭循環巴士ぐるりんおおず時在♀あさもや下車。搭計程車約5分、730日圓。主要景點都在🚶約5〜10分的範圍內。

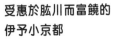

區域的魅力度

遊逛風情
★★★★
美食
★★
伴手禮
★★

標準遊逛時間：2小時
大洲赤煉瓦館〜おはなはん通り〜明治的街景〜臥龍山莊

交通詢問處

大洲市觀光社區營造課
☎0893-24-1717
大洲市觀光協會
☎0893-24-2664

交通詢問處

JR
JR伊予大洲站
☎0893-24-2319

路線巴士
伊予鐵南予巴士
大洲營業所
☎0893-24-3148
宇和島巴士大洲營業所
☎0893-24-2171

計程車
安全計程車
☎0893-25-1220

觀光人力車

可以在車伕的導覽下進行街區觀光。由大洲まちの駅「あさもや」起訖，有4條路線（需預約）。4月〜12月的週六日、假日／10:00〜16:00／1500日圓〜／
☎0893-24-7011

59

大洲周邊
1:39,000
0　　　500m
周邊廣域地圖 P.166-167

N

步行10分
61

おはなはん通り
おはなはんどおり

地圖p.61-B
♀あさもや➡1分。
或大洲赤煉瓦館➡3分

　因和紙與養蠶業而興旺的商家和倉庫等江戶到明治時期的建築林立。道路兩旁，過往的武家宅邸和商家隨時光逝去，醞釀出古老懷舊的氛圍。曾是NHK的晨間連續劇「おはなはん」的外景拍攝地，因而得名。

♀ 大洲市大洲
Ｐ 停放在あさもや／43輛

大洲赤煉瓦館
おおずあかれんがかん

地圖p.61-B
伊予大洲站搭乘🚌循環巴士ぐるりんおおずで7分，
♀あさもや下車➡3分

英式砌法的紅磚牆和廡頂式日本瓦屋頂的日西合璧建築，在街上獨樹一格。建於明治時代作為大洲商業銀行使用，現在則保留其時髦的外觀，將內部重新翻修。

📞 0893-24-1281　♀ 大洲市大洲60
🕐 9:00～17:00　🈺 無休
¥ 免費　Ｐ 停放在あさもや／43輛

POINT
鴨隊長導覽／大洲赤煉瓦館前方，是由紅磚鋪成的磚色道路，周圍有不少民宅和商家等老建築比鄰而立。♀あさもや之後會經過許多商店所在的道路，觀賞各家商店的外觀也很有趣。

明治的街景
めいじのいえなみ

地圖p.61-B
♀あさもや➡3分。
或大洲赤煉瓦館➡3分

　明治到大正年間以養蠶和造紙繁榮的工匠街。貼有腰壁板的土牆倉庫和商家林立的街道，充滿了平民百姓的生活感。和おはなはん通り有著不同的氛圍。

♀ 大洲市大洲649-1　Ｐ 停放在あさもや／43輛

左邊廣域地圖 P.60

大洲
1:12,000
0　200m

古老街景集中地區

大洲城 P.64 GOAL
守閣上眺肱川和街區一覽無遺

大洲市民会館
うかい下船場
P.大洲局・肱南公民館
村田文福老舖本町本店 P.65

10分

由橋上可以一覽肱川雄偉的流水

往伊予大洲站・大洲IC
中村
肱川緑地公園
比地神社
辰巳神社
石鎚神社
肱川橋北
P.65 との町たる井

顔富意趣的紅磚道

大洲赤煉瓦館 P.60
古老的燈籠店
思い出倉庫

住吉神社
往富士山

大洲まちの さあもや駅

おはなはん通り P.60・62
石板路兩旁都是白牆建築
二葉屋志保町店

5分
大洲本町
片原町
2分
START

桝形
大洲小
南隅櫓
中江藤樹邸遺跡 P.64
大洲高

5分
商工会議所
NTT
冨永松栄堂 P.65
大洲歴史探訪館 P.62
人力車乘車處
P.65 いづみや

明治的街景 P.60・62
臥龍山莊 P.61
臥龍院
知止庵
不老庵
臥龍之渡發抵處 P.64

山莊畫廊・臥龍茶屋 P.65
臥龍之渡發抵處 P.64

大洲市役所
大洲消防署
龍護山曹溪院
大洲中

法華寺
清源寺

大洲神社

曾是當紅連續劇外景的神社

大禅寺
寿永寺

柚木

興禅寺

鵜飼(如法寺河原乘船場) P.64

冨士橋
往肱川
新谷橋

大洲臥龍の湯
亀山公園

往松山自動車道
往大洲道路
往大洲道路

步行4分

臥龍山莊
がりゅうさんそう

地圖p.61-B
あさもや⎯5分。
或大洲赤煉瓦館⎯5分

　面對清澈肱川名勝「臥龍淵」的風雅山莊。占地3000坪大，建有臥龍院、知止庵、不老庵這3棟著名建築。借景東南方的冨士山、肱川和如法寺河原等豐饒大自然的庭園也極為出色，毫不做作地放置了精挑細選的石頭。年代久遠的樹木也都各有其吸引人的地方。

●臥龍院

　明治時代的貿易商河內寅次郎構思10年、耗時4年工期才得以完成的著名建築。參考京都的桂離宮等建築，在當時著名工匠會互相較勁的背景下，從削竹為地板基礎的玄關到天花板、木格窗等，設計了許多能感受到茶道精神的巧思。

●知止庵

　1949（昭和24）年時將浴室改為茶室的3坪質樸建築。出入口掛著的「知止」匾額出自第10代藩主加藤泰濟的手筆。

●不老庵

　建在俯瞰臥龍淵懸崖上的茶室風格建築，整座庵堂的設計就像小船一般。反射河面倒映月光的單片式天花板等，隨處可見極致的工藝。

☎ 0893-24-3759
♨ 大洲市大洲411-2
🕐 9:00～17:00(最後入場16:30)
🈵 無休
¥ 550日圓
Ⓟ 停放在あさもや／43輛

大洲

隨興遊逛

大洲 地圖 p.167-H

おおず

城下町大洲的主要街道，是擁有古老風情的「おはなはん通り」。由大洲まちの駅あさもや出發，朝肱川河畔前進，享受緬懷江戶到明治時代風情的街區漫步。

01 由這裡出發

大洲まちの駅 あさもや

大洲的名點與加工品等特產一應俱全，也是大洲觀光的據點，內部設有觀光服務處和餐廳。

☎ 0893-24-7011
🕐 9:00～18:00
休 無休

---

02 參觀10分鐘

大洲歷史探訪館

1899（明治22）年左右經營木蠟油產業的城甲家作為原料倉庫而建，如今則透過展示板及文獻，以淺顯易懂的方式展示大洲藩相關歷史資料等。資料中亦包含了因「伊呂波丸」而與大洲藩有所關聯的坂本龍馬相關史料。倉庫本身為了防範肱川洪水而堆砌了石牆，醒目的高度為其特徵之一。

☎ 0893-57-6655
（大洲觀光綜合服務處）
🕐 9:00～16:00
休 不定休　💰 免費

03 遊逛10分鐘

おはなはん通り

舊裏町3丁目，是明治到大正時期熱鬧的城下町中心區。這條路清楚保存了當時的風貌。北側是武家宅邸，南側則是商家林立的地區。

由橋上可以一覽肱川雄偉的流水

S 村田文福老舖本町本店 P.65

前往此處的方法
由伊予大洲站搭乘循環巴士ぐるりんおおず7分。或搭計乘車約4分

大洲市役所

大洲消防署

56

往松山自動車道

---

04 遊逛10分鐘

明治的街景

T字形路和死巷弄等留有城下町分區的一隅。有許多有著海參牆的倉庫、貼有腰壁板的住宅。道路南端則是大洲神社常夜燈聳立之地。

05 遊逛15分鐘

臥龍蓬萊山觀光步道

臥龍山莊位於原藩主庭園所在的臥龍淵，於明治年間興建而成。建在面對肱川旁山崖上的茶室建築不老庵，由對岸看著更是美不勝收。此外，寬廣腹地內的沙洲設有展望台，可以一覽肱川美景。

☎ 0893-24-3759
🕐 觀光步道為自由參觀

ポコペン横丁

大洲赤煉瓦館旁的廣場舉辦的攤販市集。重現昭和30年代懷舊橫丁的風情，有許多古早攤販。

♪ 0893-24-2664
（大洲市觀光協會）
🕐 10:00～15:30，僅週日（12月～3月為第3週日）舉辦

遊覽順序的小提示

HINT

要前往臥龍蓬萊山，需由肱川遊覽船乘船處沿觀光步道前往。下到河岸後沿著肱川旁的城牆走約6分，再左轉進入志保町通即可。

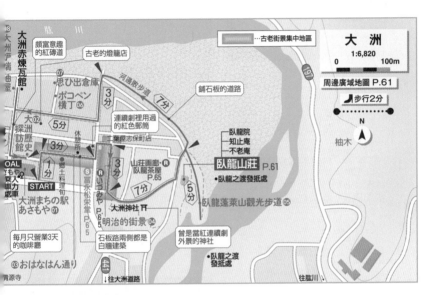

大洲
思ひ出倉庫

位於大洲赤煉瓦館東側，使用老倉庫改裝的展示倉庫，能觀賞昭和30年代的汽車和家電產品等懷舊生活用品。

♪ 0893-24-2664（大洲市觀光協會）／🕐 9:30～16:30／❌ 年末／¥ 200日圓

大洲炉端 油屋

使用據傳為司馬遼太郎固定下榻的舊油屋旅館倉庫，加以改建的餐廳。使用當地產肉品的午餐和鄉土料理極受歡迎。

♪ 0893-23-9860／🕐 11:30～14:00、18:00～23:00／❌ 週一

大洲城
おおずじょう

地圖p.61-A
♀あさもや🚶10分

位於俯瞰肱川的高地上，全日本最高的木造天守閣（19.15公尺）看起來威風凜凜，極為壯觀。與廚房、高欄櫓相連的「多聞櫓」也已修復完成。

📞 0893-24-1146
📍 大洲市大洲903
🕐 9:00～17:00（最後入城為16:30）
❌ 無休
💴 550日圓
🅿 57輛（收費）

POINT
鴨隊長導覽／大洲市役所和大洲消防署之間向西走會進入寧靜的道路。一側是土牆，途中遺會路經加藤家菩提寺之一的曹溪院，更是別有風情。

中江藤樹邸遺蹟
なかえとうじゅやしきあと

地圖p.61-A
♀あさもや🚶12分

以日本陽明學之祖聞名的中江藤樹，是江戶時代對大洲藩教育極有貢獻的儒學家。他青年時期住過的宅邸遺蹟位在愛媛縣立大洲高中的校園內。1939(昭和14)年在遺蹟上重修了「至德堂」。

📞 0893-24-4115(大洲高中事務室)
📍 大洲市大洲737(大洲高中內)
🕐 9:00～17:00
❌ 週六日、學校放假日
💴 免費
🅿 5輛

TEKU TEKU COLUMN

肱川的風情畫
以河流為舞台的傳統活動

春天時有「臥龍之渡」，6月到9月則可以享受「泛舟遊覽」的樂趣。日本三大鸕鶿捕魚之一的「鵜飼（うかい）」，以及在中秋明月下享用特產夏芋的秋之「燉薯芋」也不容錯過。

●鵜飼
地圖p.61-B
伊予大洲站搭計程車至如法寺河原乘船場8分、約900日圓

期間為7月1日至9月20日。共乘船要在如法寺河原搭乘(參觀費1人4000日圓，需1天前以前預約📞0893-24-7011大洲まちの駅あさもや)。18時30分集合出發後，開往大

洲城遺蹟方向。

●臥龍之渡
地圖p.61-B
♀あさもや🚶5分

由臥龍山莊下到對岸如法寺河原之間長約300公尺、約5分鐘的渡船。4月到5月的週六日、假日，10時到16時之間營運，一次300日圓。

鄉土料理

いづみや

地圖p.61-B
♀あさもや🚶3分

1688（元祿元）年創業的老字號餐廳，散發沉穩氛圍的建築物就位於志保町通旁。大洲的鄉土料理伊予薩摩堅持使用優質味噌，風味獨特的高湯大受好評。供應いづみや御膳（松）1500日圓、每月更換菜色的京風懷石料理3500日圓（需預約）等豐富菜單，能盡情享用美味的鄉土料理。

♪ 0893-24-3034
♥ 大洲市大洲382
🕐 11:00～13:30、17:00～22:00(21:00LO)
🚫 週二
💰 伊予薩摩御膳1500日圓～
🅿 8輛

咖啡廳

山莊画廊・臥龍茶屋
さんそうがろう・がりゅうぢゃや

地圖p.61-B
♀あさもや🚶8分

玄關旁的水琴窟傳來清涼水聲，富有風雅意趣的日式茶館。位於臥龍山莊附近，是散步途中最好的休息場所。最受歡迎的菜單是由和菓子、抹茶、昆布茶及青梅組合而成的抹茶套餐700日圓。也有烏龍麵等輕食。

2樓是展示版畫等的藝廊（藝廊僅在展覽時開放，除此之外需確認）。

♪ 0893-24-6663
♥ 大洲市大洲398
🕐 10:00～17:00
🚫 週一
💰 抹茶套餐700日圓
🅿 6輛

紅豆年糕

冨永松栄堂
とみながしょうえいどう

地圖p.61-B
♀あさもや🚶5分

1875（明治8）年創業的和菓子老舖。遵從傳統製法的名點紅豆年糕（志ぐれ）是將煮熟後用砂糖醃漬的紅豆和糯米粉揉合，再以蒸籠蒸熟，有幸福紅豆年糕、栗子紅豆年糕、抹茶紅豆年糕等口味。一口生紅豆年糕為其招牌商品。

♪ 0893-24-3566
♥ 大洲市大洲444
🕐 10:00～17:00
🚫 不定休
🅿 停放在あさもや／43輛

月窗餅

村田文福老舖本町本店
むらたぶんぷくしにせほんまちほんてん

地圖p.61-A
♀あさもや🛍2分

1624（寬永元）年創業的老字號和菓子店。以由大洲藩第二代藩主的別稱命名的月窗餅10入1350日圓～聞名。以當地產蕨粉揉製而成的蕨餅包住餡後再灑上青大豆粉製成，適度的甜味和青大豆粉的香氣宜人，讓人回味無窮。

♪ 0893-24-2359
♥ 大洲市大洲183
🕐 9:00～18:00
🚫 1月1日
🅿 2輛

河魚料理

との町たる井
とのまちたるい

地圖p.61-A
伊予大洲站🚶10分

建在肱川橋旁的民藝風格店內，可品嘗肱川捕獲的河魚料理。使用野生香魚做成的香魚粥800日圓不可錯過。

♪ 0893-24-3000
♥ 大洲市中村殿町553-19
🕐 11:30～14:30、17:00～20:30
🚫 週一（逢假日則翌日休）
💰 午餐1650日圓～
　 晚餐3300日圓～
🅿 15輛

大洲

隨興遊逛

宇和 地圖 p.167-G

うわ

藩政時代以宇和島藩的農業暨住宿地區繁榮一時的宇和中心地帶，是留有許多江戶後期到明治時期所建歷史性建築的卯之町。一起展開歷史探訪之旅吧。

遊逛2小時

卯之町街區

有不少江戶時代中期到昭和初期興建的商家建築等，集中在約200公尺長的道路兩旁。可以一邊欣賞山牆、白牆、格子窗等意趣一邊遊逛。街區的中段處有座「文化之里休憩所」(♪0894-62-3843，10:00～15:00 週一休)／免費招待宇和茶，也可以參加和服體驗(3000日圓)。

遊覽順序的小提示

!HINT

大部分的觀光景點集中在卯之町站步行7～8分鐘可至的卯之町街區。欲前往宇和米博物館，行經商店街則途中還有伴手禮店，路程也較為有趣。宇和先哲紀念館、宇和米博物館為免費參觀。開明學校、宇和民具館的套票500日圓可以在各設施購買。

02 參觀5分鐘

高野長英的隱居處

因批評江戶幕府之罪入獄的荷蘭學者高野長英，在1844(弘化元)年逃獄。來到學友二宮敬作居住的地方，並隱身在敬作住宅的別館裡。現在只保存了隱居處的2樓部分。

03 需預約

松屋旅館

江戶時代中期創業的老字號旅館，有眾多文人、政治家到訪過。約20種以代代相傳的米糠醬醃製的泡菜非常美味。為完全預約制，必須透過旅行社進行預約。

♪0894-62-0013／
午餐為11:30～14:00
(需預約)／不定休

周邊廣域地圖 P.166-167

重要傳統性建造物保

宇和米博物館09

走上狹窄的石坂坡道

蘿蔔、茄子的瓦

宇和支援特校01

有山牆的住家群

愛媛縣歷史文化博物館

雨山公園

俳句之道

步行4

宇和町歷史民俗資料館

中義堂

開明學校 06 宇和民具館

光教寺卍

元屋酒店

西予市

往米博物館的觀光步道

懷舊的圓形郵筒

卯之町街區

有天窗的酒店

紅磚牆

8分

宇和先哲紀念館04

用來拍過電影

ヤマミしょう油

15分

2分

ギャラリー＆喫茶池田屋08

鳥居町

文化之里休息所

西予消防署

上田屋本店

2分

れんげの里

一口食堂

10分

二宮敬作住宅遺址的小小石碑

卯之町營業所

西予署

往大洲

56

當地熱門的和菓子店

富士酒家

まんじゅう屋

3分

松屋旅館03

往松山

市役所前

NTT

高野長英的隱居處02

フジテレ

前往此地的方法
JR松山站搭乘特急1小時、JR宇和島站搭乘特急20分。卯之町站下車

卯之町
START
GOAL

宇和局
西予市役所

可在店前喝古代米甜酒單杯100日圓

宇

山崎橋

文化会館

王子神社

予讚線

瓦片屋頂的車站

彩色路面的商店街

王子橋

1:10,50

往宇和島、

0

---

04 參觀10分鐘

宇和先哲紀念館

展示西醫二宮敬作、西博爾德之女暨日本第一位女醫生楠本稻等，27位活躍在各領域、和宇和淵源頗深的偉人資料。

☎0894-62-6700
🕐9:00～17:00
㊡週一（逢假日則翌日休）
💴免費

05 參觀30分鐘

愛媛縣歷史文化博物館

展示著愛媛縣的生活、文化和歷史的博物館。分為竪穴式住居時代到現代一共4個展區，代表性建築都以原寸大小1比1的模型對外展示。

☎0894-62-6222／🕐9:00～17:30／㊡週一（逢第1週一、假日、補假則翌平日休）／💴540日圓

06 參觀15分鐘

☎0894-62-1334／🕐9:00～17:00／㊡週一（逢假日則翌日休）／💴500日圓（搭配開明學校的套票）

宇和民具館

展示約6000件牛鬼和五鹿踊等宇和節慶時使用的道具，以及江戶時代到昭和的生活用品等。大正時代街景的模型也饒富意趣。

大推薦

07 參觀15分鐘

開明學校

白牆、拱窗令人印象深刻，建於1882(明治15)年的西日本最古老小學校舍，也是日本國家級重要文化財。館內收藏展示了古老的教科書和教材等教育資料，2樓展示了修復後的明治到大正年間的教室。明治時代的上課體驗（200日圓＋教科書費用200日圓）也很受歡迎。

☎0894-62-4292／🕐9:00～17:00／㊡週一（逢假日則翌日休）／💴500日圓（搭配宇和民具館的套票）

08 手工蛋糕300日圓

ギャラリー＆喫茶池田屋

從江戶時代的酒廠倉庫改裝而成的藝廊咖啡廳。除了咖啡、印度奶茶、豆漿拿鐵等飲品之外，午餐時段也有供應以蔬菜為主的精進料理（附飲品）1000日圓。也經常舉辦活動。

☎0894-62-0223
🕐11:00～17:00
㊡週三（逢假日則營業）

09 參觀15分鐘

宇和米博物館

使用原宇和町小學木造校舍的博物館。昭和初期興建完成的平房館內，展示和稻作相關的各種資料。

☎0894-62-6517／🕐9:00～17:00／㊡週一（逢假日則翌日休）／💴免費

宇和島

優雅情趣與南方熱情
交織出的美麗城市

西有宇和海，三面都被翠綠山林圍繞的宇和島市，是愛媛縣南部地區交通與政治經濟的中心都市。過去曾是繁榮的伊達十萬石城下町，市內到處都看得到具有悠久歷史的名勝古蹟。

！HINT

前往宇和島的方法

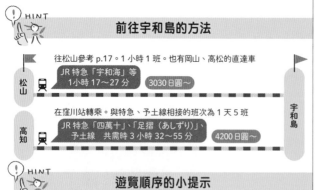

松山　往松山參考 p.17。1 小時 1 班。也有岡山、高松的直達車
　　　JR 特急「宇和海」等
　　　1 小時 17～27 分　　3030 日圓～

高知　在窪川站轉乘。與特急、予土線相接的班次為 1 天 5 班
　　　JR 特急「四萬十」、「足摺（あしずり）」、
　　　予土線　共需時 3 小時 32～55 分　　4200 日圓～

宇和島

！HINT

遊覽順序的小提示

主要的景點都在市區內，由車站步行即可抵達宇和島城的城山登山口。要前往伊達博物館和天赦園則應搭乘市內巴士，不少班次行經♀東高前，可多加利用。要由伊達博物館周邊登上宇和島城時，則由南方的登山口「上立門」上山比較方便。

區域的魅力度

遊逛風情
★★★
美食
★★★
伴手禮
★★★

標準遊逛時間：3小時
天赦園～宇和島市立伊達博物館～宇和島城

觀光詢問處

宇和島市商工觀光課
♪0895-49-7023
宇和島市觀光資訊中心
♪0895-49-5700

交通詢問處

JR
JR宇和島站
♪0895-22-0175

高速巴士
阪神巴士預約中心
♪06-6411-4111
宇和島巴士高速巴士
預約中心
♪0895-22-0002

路線巴士
宇和島巴士本社
♪0895-22-2200

計程車
宇和島包租計程車
♪0895-22-5454

觀賞&遊逛

宇和島城
うわじまじょう

地圖p.70
宇和島站👟16分至登山口

　藤堂高虎於1601(慶長6)年興築，別名「鶴島城」的美麗城堡。三重三層的天守閣(9:00～17:00，10月～2月為～16:00／無休／200日圓)是國家級重要文化財。現在的面貌是寬文年間大整修之後的模樣。城內一帶也是著名的賞櫻名勝。

📞 0895-22-2832　📍宇和島市丸之內1
🅿45輛

POINT　鴨隊長導覽／由種滿南國特有華盛頓椰子樹的站前路，穿過拱頂商店街宇和島迎賓大道(宇和島きさいやロード)後，就到了桑折氏武家長屋門所在的城山登山口。再步行15分鐘，走過還留有築城當時風貌的自然林步道後，就到了天守閣。

天赦園
てんしゃえん

地圖p.70
宇和島城上立門👟5分

　興建作為第7代藩主伊達宗紀隱居的處所，是池水迴遊式的名庭園。藤樹、菖蒲花、杜鵑花等花木增添了四季各異的色彩。不向下垂而是向上開出白色花朵的魯冰花更是美得特別。最佳賞花期是4月中旬。

📞 0895-22-0056　📍宇和島市天赦公園
🕗8:30～16:30(4月～6月為～17:00)
🈺12月第2週一～2月底的每週一(逢假日則翌日休)　💰500日圓　🅿30輛

宇和島市立伊達博物館
うわじましりつだてはくぶつかん

地圖p.70
宇和島城上立門👟5分

　可以了解伊達十萬石歷史的博物館。以日本國內數一數二館藏量著稱的古文書為首，還有武具、家用品等約4萬件伊達家的史料，並從中挑選展品，以每年5次的頻率定期舉辦不同主題的公開展覽。

📞 0895-22-7776　📍宇和島市御殿町9-14
🕘9:00～17:00　🈺週一(逢假日則翌日休)
💰500日圓　🅿50輛

TEKU TEKU COLUMN

角對角的對撞！鬥牛　　　　地圖p.70

　巨大的2隻公牛在直徑20公尺場地內對撞的宇和島傳統活動。每年在1月2日、4月第1週日、7月24日、8月14日、10月第4週日，於市營鬥牛場舉辦5次定期鬥牛大會。舉辦時間是12時～15時左右，費用為3000日圓(預售票2500日圓)。鬥牛日的10時～12時，宇和島站前有免費的接駁巴士可以搭。
宇和島站搭計程車5分，約710日圓
📞0895-25-3511(宇和島市營門牛場)
📞0895-49-5700(宇和島市觀光資訊中心)
📍宇和島市和靈町字一本松496-2
🅿300輛

P.70 和靈神社 ⛩
往大洲
多賀神社 ⛩
往松山・窪川
步行8分
丸山公園
• 和靈公園
• 和靈神社前
• 宇和島市營
鬥牛場 P.69
天神トンネル
須賀橋
宇和島東方酒店
宇和島
宇和島市立
歷史資料館 P.70
住吉公園
• 樺崎砲台跡
住吉町
P.71 宇和島東方酒店
朝日町
御幸町
START
320
宇和島ターミナルホテル
卍 龍光院
總合福祉セン
寿町 P.71 かどや駅前本店
宇和島東急REIホテルJR大阪店
裁判所
宇和島市役所
曙町
市役所前
お茶撰處
宇和島迎賓廣場
桑折氏武家長屋門
南予文化会館
Uwajima Grand Hotel P.71
局野長英住跡
ほづみ亭 P.71
新町
丸穗町
井上真珠店 P.71
宇和島第一ホテル
田中蒲鉾本店 P.71
菓子司百波
大宮町
天神小
15分
城山郷土館
城山公園
宇和島城 P.69
護国神社 ⛩
上立門
宇和島局
野中かまぼこ店
Uwajima Regent Hotel P.71
西江禪寺
潮音寺
3分
東高前
丸之內
5分
宇和島東高
龍華山等覚寺 卍
市立病院前
市民会館
堀端町
GOAL
天赦園 P.69
天赦園前
宇和島市立伊達博物館 P.69
JCHO宇和島病院
宇和島南
中等教育学校
城南中
往宿毛
宇和津彦神社 ⛩

和靈神社
われいじんじゃ

地圖p.70
宇和島站🚶8分

以漁業為主的產業神祇，是在地信仰甚篤的神社。祭祀的神祇是初代藩主伊達秀宗的家臣，對草創期的宇和島藩有著極大貢獻的山家清兵衛。據說是為了安置被刺身亡的清兵衛英靈而加以祭祀。歐山式建築社殿所在的神社境內，不但綠意盎然而且莊嚴神聖。其規模在日本數一數二，高達約13公尺的石造大鳥居也不容錯過。每年7月22日～24日會舉辦「宇和島牛鬼祭・和靈大祭」，最精采的是24日的「衝神轎活動（走り込み）」。入夜後，山車和神轎衝向和靈神社前的須賀川，年輕人們競奪神竹。

📞 0895-22-0197
📍 宇和島市和靈町1451
🕐 境內不限
🅿 60輛

宇和島市立歷史資料館
うわじましりつれきししりょうかん

地圖p.70
宇和島站搭往赤松的🚌宇和島巴士6分，🚏住吉町下車🚶2分

　　將1884（明治17）年建造的舊宇和島警察署移建、修復後的仿西式建築，位於宇和島港附近。名列國家登錄有形文化財的建築物本身就是文明開化時期西化風潮下的珍貴歷史資料，館內外隨處可見高水準的西方技術。三角形懸山式屋頂的外伸屋簷和窗框等復古建築形式令人印象深刻。

📞 0895-23-2400
📍 宇和島市住吉町2-4-36
🕐 9:00～17:00　　🈺 週一
💴 免費　　🅿 4輛

美食&購物

郷土料理
ほづみ亭
ほづみてい

地圖p.70
宇和島站🚶5分

可以輕鬆品嘗南予地區的郷土料理、在地的海鮮料理。鯛魚飯1320日圓是將宇和海產的新鮮鯛魚三片切,以醬油、味醂、雞蛋、芝麻、高湯製成的醬料浸漬,再連同醬料澆淋在熱騰騰的米飯上享用。亦可品嘗獲選為宇和島市推薦美食的烏魚子以及薩摩飯。

📞 050-5484-8569
📍 宇和島市新町2-3-8
🕐 11:00～13:30、17:00～22:10
🚫 週日(逢含週日的連休則營業,連休最後一天休)
💴 1000日圓～
🅿 32輛

郷土料理
かどや駅前本店
かどやえきまえほんてん

地圖p.70
宇和島站🚶2分

使用當地宇和海捕獲的鮮魚烹調出郷土料理的餐廳。將新鮮鯛魚生魚片和辛香蔬菜裹上醬汁食用的宇和島「鯛魚飯」1881日圓很受歡迎。菜色豐富多樣。

📞 0895-22-1543
📍 宇和島市綿町8-1
🕐 11:00～14:30、17:00～21:00(週四為僅晚上營業)
🚫 無休　🅿 7輛

珍珠製品
井上真珠店
いのうえしんじゅてん

地圖p.70
宇和島站🚶7分

販售優質宇和島珍珠的商店,品項豐富而備受好評。原創耳環3000日圓～適合作為伴手禮。

📞 0895-22-3426
📍 宇和島市中央町2-4-11
🕐 9:30～18:30
🚫 週四
🅿 2輛

魚漿製品
田中蒲鉾本店
たなかかまぼこほんてん

地圖p.70
宇和島站🚶10分

使用新鮮狗母魚做的魚板宇和島小板1條486日圓～等,各式特產的魚漿製品一應俱全。還會在店面現炸發光鯛科小魚製炸魚餅129日圓。

📞 0895-24-0215
📍 宇和島市中央町1-6-15
🕐 8:00～18:00
🚫 無休

住宿指南

宇和島克萊蒙特JR大飯店	📞0895-23-6111／地圖:p.70／Ⓢ7300日圓～ ●直通宇和島站,最適合作為觀光據點。
Uwajima Grand Hotel	📞0895-24-3911／地圖:p.70／Ⓢ5800日圓～ ●以價格划算、設備充實聞名。以單人房為主,共70間客房。
Uwajima Regent Hotel	📞0895-23-0808／地圖:p.70／Ⓢ5700日圓～ ●位於宇和島城山麓,離鬧區也很近,觀光或商務出差都很適合。
宇和島東方酒店	📞0895-23-2828／地圖:p.70／Ⓢ6400日圓～12500日圓　●以單人房為主,共125間客房。有女性專用樓層。7種花卉壁紙讓客人備感療癒。

租車前往一遊！

四國喀斯特高原兜風

位於愛媛與高知縣界的四國喀斯特，是個海拔1000～1500公尺、東西綿延25公里的廣大喀斯特台地。租輛汽車從愛媛縣方向駛入，好好享受開車兜風之旅。

地圖p.167-H

縱貫四國喀斯特

四國喀斯特高原縱貫線以地芳峠為中心，西起大野原，東到姬鶴平、五段高原、天狗高原的兜風路線。除了草原裡名為溶溝的白色石灰岩散布四處等喀斯特台地特有景觀之外，春季到秋季還能看到牛隻放牧，可以一邊兜風一邊欣賞牧場風光。

（地圖：松山、落出、33、440、古味、大野原、龍王神社、WC、36、姬鶴平小木屋、露營、姬鶴莊、P、姬鶴、地芳隧道、迷你馬牧場、地芳峠、WC、440）

大野原

地芳峠出發 20分

位於四國喀斯特西端的酪農地帶。遼闊的牧場風光，可以觀賞到初夏的杜鵑花、秋季的芒草等季節性風景。

迷你馬牧場

可以和迷你馬及山羊互動的觀光牧場。還能在隔壁的咖啡廳享用以大量現擠牛奶做成的自製甜點。

☎0894-76-0230（CAFEもみの木）／🕐3～11月的10:30～16:30（可能視季節變動）／¥100日圓／P20輛

姬鶴平

地芳峠出發 5分

位於四國喀斯特正中央的牧草原。有著平緩稜線，在看不到盡頭的草原上，風力發電機增添了風情。

姬鶴莊

位於喀斯特中心地區姬鶴平的住宿處。也有附設小木屋和露營場，並提供炸石川鮭魚定食、青空BBQ（需預約）等亦可純用餐的服務。

☎0892-55-0057／¥1泊2食8900日圓～／休12～3月／P50輛

●前往四國喀斯特的方法

從松山方向出發時經國道33號線，由久萬高原町(舊柳谷村)進入。在落出看到四國喀斯特的標誌後，就經過柳谷大橋的巨型環形路線進入國道440號線，前往四國喀斯特公園縱貫線入口處地芳峠。總距離約70公里、所需時間約2小時。

●觀光詢問處

西予市野村綜合分所產業建設課(大野原)
☏ 0894-72-1115
久萬高原觀光協會(姬鶴平、五段高原)
☏ 0892-21-1192
高知縣津野町西廳產業建設課(天狗高原)
☏ 0889-62-2314

久萬高原町
牧場事務所
牧場
涼亭
廣場
四國喀斯特公園縱貫線
檮原風力發電
ケヤキ平停車場
ケヤキ平
五段城
五段高原
WC
喀斯特高原展望步道
大吳風草群落
姬百合、日本百合群落
展望台
瞭望台
天狗高原
天狗隧道
星ふるヴィレッジ TENGU
WC
天狗之森
療癒步道
天狗池
喀斯特學習館

天狗高原

🚗 五段高原出發 5分

四國喀斯特高原兜風

位於四國喀斯特東端，海拔1485公尺的天狗之森是這個區域的最高點。設有觀光步道，可以欣賞高山植物及享受森林浴。

五段高原

🚗 姬鶴平出發 5分

四國喀斯特最好的眺望景點。由海拔1456公尺處的五段城處，天候良好時可以看到石鎚山和太平洋。

星ふるヴィレッジ
TENGU

位於愛媛與高知縣界。停車場寬闊，最適合作為周圍散步的據點。也可以純用餐。

☏ 0889-62-3188 ／
¥ 1泊2食11220日圓～
／ P 200輛

↑位在天狗莊東側的森林浴療癒步道

喀斯持學習館

位於天狗高原的自然學習設施。可以學到喀斯特台地的生成和動植物的生態。
☏ 0889-62-3371

今治

從毛巾大城變成交通要衝的
四國西邊門戶

以毛巾和造船為主要產業的今治，是以瀨戶內島波海道四國側起點聞名的城市。由糸山公園，可以觀賞到世界首座二連吊橋的來島海峽大橋；橋下的來島海峽是日本三大急潮之一。

 HINT

前往今治的方法

岡山	🚅	1 小時 1 班。高松搭乘「石鎚」1 小時 49 分～ 2 小時 4 分、4580 日圓～		今治
		JR 特急「潮風」2 小時 4～21 分	5540 日圓～	

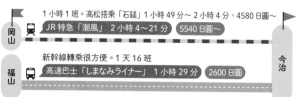

福山	🚅	新幹線轉乘很方便。1 天 16 班		今治
		高速巴士「しまなみライナー」1 小時 29 分	2600 日圓	

 HINT

遊覽順序的小提示

可以飽覽瀨戶內島波海道來島海峽大橋風光的糸山公園，是個可以玩上一整天的人氣景點，應以此處為中心來安排行程。時間夠的話，可以順道前往有今治毛巾本館、今治城等景點的市區走走。若要前往糸山公園，可以從今治站、今治港搭乘瀨戶內巴士。

區域的魅力度

自然景觀
★★★★
美食
★★★
伴手禮
★★

標準遊逛時間：3 小時
今治站～糸山公園（來島海峽展望館、Sunrise 糸山）

觀光詢問處

今治地方
觀光資訊中心
📞0898-36-1118
今治市觀光課
📞0898-36-1541

交通詢問處

JR
JR今治站
📞0898-23-0049

巴士
瀨戶內巴士今治營業所
📞0898-23-3881
中國巴士福山營業所
📞084-953-1951
瀨戶內しまなみ
リーディング
📞0898-25-4873
鞆鐵道
📞084-952-8511

計程車
今治計程車
事業工會
📞0898-22-6800

觀賞&遊逛

今治市河野美術館
いまばりしこうのびじゅつかん

地圖p.76-左
今治站🚶15分

收藏今治市榮譽市民第1號河野信一收集的文化財並對外展示的美術館。館藏近萬件從平安時代到近現代的各時代畫軸、屏風、古書等。可以在此欣賞名留青史的偉人創作，可能出自於俳人、歌人、作家、畫家、戰國武將乃至於政治家之手。除了館藏品常設展之外，每年還會舉辦2次展示相關主題作品的企劃展。此外，也會聯合當地美術協會或本土出身的現代作家，舉辦美術作品展覽等。

- 📞 0898-23-3810
- 📍 今治市旭町1-4-8
- 🕐 9:00～17:00
- 🚫 週一（逢假日則翌日休）
- 💴 310日圓　🅿️ 36輛

愛媛文華館
えひめぶんかかん

地圖p.76-左
今治站搭往今治營業所的🚌瀨戶內巴士8分，♀今治城前下車🚶5分

主要收藏陶瓷器的美術館。1955（昭和30）年開館，以愛媛縣內最老的美術館聞名。2樓的展示室以深入淺出的方式，展示中國古代到清朝的陶瓷器潮流。明代的景德鎮以及唐代稱為三彩白馬、

高76公分的陶馬等作品，都相當引人注目。此外，每年都會舉辦3～4次特別企劃展，交替展出館藏的日本古陶瓷、茶器具、蒔繪、印籠、刀劍類等。

- 📞 0898-32-1063
- 📍 今治市黄金町2-6-2
- 🕐 10:00～16:00
- 🚫 週一（逢假日則開館）、假日的翌日
- 💴 300日圓　🅿️ 15輛

今治城
いまばりじょう

地圖p.76-左
♀今治城前🚶3分

1602（慶長7）年由藤堂高虎築城。將海水引入三層護城河裡，由築城名師高虎使用當時最好技術打造成的海岸平城。本丸、二之丸、內護城河、石牆都是當時的原樣，天守閣則是1980（昭和55）年興建。天守閣內是觀景台和展示室，展示著今治藩主的武具、甲冑，以及今治地方的自然和產業。每天在日落後到23時之間都會打上燈光，可以觀賞到光影營造的夢幻景色。

- 📞 0898-31-9233　📍 今治市通町3-1-3
- 🕐 9:00～17:00
- 🚫 無休　💴 520日圓
- 🅿️ 56輛（1小時100日圓）

糸山公園
いとやまこうえん

地圖p.76-右
今治站搭往小浦、大濱方向的🚌瀨戶內巴士22分，♀展望台入口下車🚶8分

可以眺望瀨戶內國家公園中的來島海峽，以

及三連吊橋來島海峽大橋的公園。從巴士站穿過糸山隧道後，右手邊就是來島海峽展望館，左手邊則有糸山公園展望台。眼前海峽的濤濤海潮，有時候速度甚至高達時速10海里（約18公里）。和鳴門海峽、關門海峽並列為日本三大急潮之一而聞名。觀賞過海峽和橋之後，不妨試著在Sunrise糸山租自行車騎過來島大橋。

♥ 今治市小浦町2-5-2
Ⓟ 90輛

來島海峽展望館

くるしまかいきょうてんぼうかん

地圖p.76-右
♀展望台入口🚶10分

以橋為背景拍照留念的最佳地點。館內有解說來島海峽大橋的展示室，以圖片和影像說明世界首見的三連吊橋── 來島海峽大橋的結構及建造工程等。可以在真實的來島海峽大橋

前，充分增進橋梁的知識。此外，也有附設日本遺產「村上海賊」遊客中心。

☎ 0898-41-5002
🕐 9:00～18:00（12月～2月為～17:00）
⊗ 12月29日～31日
💰 免費

今治市出租自行車站 Sunrise糸山

いまばりしさいくりんくたーみなる さんらいずいとやま

地圖p.76-右
♀展望台入口🚶即到

今治市出租自行車站（8:00～20:00、10月～3月為～17:00／無休）的館內設有餐廳和販賣部（7:00～21:00／無休）和住宿設施。出租自行車為1天2000日圓，需繳保證金1100日圓（還車時歸還）。

☎ 0898-41-3196
♥ 今治市砂場町2-8-1
Ⓟ 50輛

美食&購物

烤雞肉串

山鳥
さんちょう

地圖p.76-左
今治站🚶10分

使用伊予軍雞的烤雞肉串店。自己飼養而相當有嚼勁的土雞肉搭配清爽醬料十分對味。今治的烤雞肉串是以鐵板燒烤，雞肉蔥串、烤雞胗等串燒250日圓～。

📞 0898-22-7188
📍 今治市末広町1-4-7
🕐 17:00～23:00　🈺 週一
💴 晚餐1000日圓～　🅿 7輛

鄉土料理

伊豫水軍
いよすいぐん

地圖p.166-B
今治站搭往小浦、大浦方向的🚌瀨戶內巴士15分，♨湊石風呂下車🚶即到

觀賞著來島海峽大橋，同時享用瀨戶的活魚料理。人氣的來島定食1650日圓，菜色有釜飯、綜合生魚片、天婦羅等海鮮菜色。活用食材原味的調味自不用說，生魚片還可以應客人要求的厚度來切，十分吸引人。鯛魚丼1650日圓也非常受歡迎。

📞 0898-32-2000
📍 今治市湊町2-6-37
🕐 11:00～21:00(LO20:30)
🈺 週三(逢假日則營業)
💴 午餐1210日圓～
　　晚餐1650日圓～
🅿 40輛

雞蛋饅頭

一笑堂
いっしょうどう

地圖p.76-左
今治站🚶15分

據說今治城主藤堂高虎也愛吃的著名雞蛋饅頭，12個入432日圓～。濕潤的外皮搭配滑潤的豆沙餡十分對味。

📞 0898-22-0295
📍 今治市中浜町1-1-21
🕐 9:00～17:00
💴 雞蛋饅頭12個入432日圓～
🈺 週三　🅿 2輛

TEKU TEKU COLUMN

毛巾美術館

擁有全日本最大毛巾產量的今治市裡，有一座舉世罕見的毛巾專門美術館。在廣大的占地裡設有美術館、商店、歐式庭園等，也可以參觀毛巾的生產流程。陳列以毛巾做成的蛋糕等作品的棉花路，以及嚕嚕米山谷的世界也不能錯過。

©Moomin Characters ™

地圖p.166-E
📞 0898-56-1515
📍 今治市朝倉上甲2930
🕐 9:30～17:00　💴 800日圓
🈺 1月第2、3週四　🅿 250輛

今治

住宿指南

今治國際酒店	📞 0898-36-1111／地圖:p.76-左／Ⓢ 8500日圓～ ● 建築物高101.7公尺，是今治市最高的建築。
Sunrise糸山	📞 0898-41-3196／地圖:p.76-右／Ⓣ 3300日圓～ ● 能夠將來島海峽大橋盡收眼底。
IMABARI STATION HOTEL	📞 0898-22-5340／地圖:p.76-左／Ⓢ 4600日圓～ ● 今治站步行1分即到，全客房配備網際網路。

悠閒兜風

島波海道

將風平浪靜的數個島嶼，以10座橋連接起來的島波海道。
前往四國的車程能盡情享受瀨戶內海多島之美。

多多羅大橋

生口島

日本著名的柑橘產地。
除了亦為著名賞櫻、賞楓
勝地的耕三寺（♪0845-
27-0800）之外，還有
集當地出身畫家平山郁夫
的作品於一堂的平山郁夫
美術館（♪
0845-27-
3800）。

耕三寺山門

大三島

日本總守護神大山祇神
社（♪0897-82-0032）奉
祀著天照大神之兄大山積
大神。另有充滿書法之美
的村上三島紀念館（♪
0897-87-4288）以及大
三島美術館等。

大山祇神社本堂

尾道

尾道大橋・
新尾道大橋
尾道大橋385公尺
新尾道大橋546公尺

向島洋蘭
中心

向島BS
向島IC
高見山

白瀧山
尾道市Marine
Youth Center

大浜PA
因島大橋
因島大橋BS
1270公尺的吊橋
因島水軍城

因島北IC

看得到造船廠
因島重井BS
因島南IC

生口橋
790公尺的斜張橋

生口島北IC

平山郁夫美術館
耕三寺・
耕三寺博物館

瀨戶田BS

柑橘園瀨戶田

多多羅大橋
1480公尺的
斜張橋
生口島南IC
瀨戶田PA

大三島IC

大三島美術館
大三島少年自然的家
「ミロアール・ヴィラージュ」

多多羅溫泉

大山祇神社

大三島BS

村上三島紀念館
多多羅島波公園
開山公園

上浦PA
上浦IC

鼻栗展望台
328公尺的拱橋

大三島橋

眼前是一片整治
得極美的海岸

伯方島IC
伯方島BS

最快9海里潮流流過
的「船折瀨戶」

TOKORO美術館
大三島

伯方・大島大橋
伯方橋325公尺
大島大橋840公尺

船折瀨戶

大島北IC

吉海玫瑰公園

村上水軍
博物館

大島BS

有蔭予要塞遺址的「津島」

大島南IC

進入宮窪町後
風景一變為探
石廠風光

馬島BS

來島海峽大橋
世界首座三連吊橋
4045公尺的長大橋群

來島海峽SA
今治北IC

多島之美的眺望點

今治

しまなみライナー
⇆轉乘往尾道路
線巴士的巴士站

向島

島上有展示洋蘭的向
島洋蘭中心（♪0848-
44-8808）及可以划獨
木舟的尾道市Marine
Youth Center等。登上
高見山，就可以將藝予
諸島盡收
眼底。

盛開的蘭花

因島

過去曾稱霸瀨戶內海
的村上水軍根據地。除
了可以了解水軍歷史和
充滿浪漫情懷的水軍城
之外，白瀧山的700尊
石佛也很壯觀。

白瀧山頂的五百羅漢

伯方島

以聞名全日本的「伯
方鹽」著稱。自古便是
有名的製鹽、造船和海
運的島嶼。開山公園到
了春季，盛
開的櫻花相
當美麗，值
得一遊。

開山公園

大島

高級御影石和大島石
的著名產地。可以了解
瀨戶內海水軍歷史的村
上水軍博物館（♪08
97-74-1065）是日本
唯一的水軍博物館。另
有四國最大的吉海玫瑰
公園。

種類極多的玫瑰

觀光詢問處

島波JAPAN
https://www.shimanami-cycle.or.jp
今治地方觀光協會
http://www.oideya.gr.jp/
♪0898-22-0909

島波海道

知高

濱桂

戸室

高知

區域的魅力度

遊逛風情
★★★
美食
★★★★★
伴手禮
★★★★

標準遊逛時間：3小時
播磨屋橋～高知城～高
知縣立文學館

觀光詢問處

高知市觀光振興課
☎088-823-9457
高知觀光資訊傳播館
Tosa Terrace
☎088-879-6400
高知市觀光協會
☎088-823-4016

交通詢問處

飛機(參考p.170)
高知機場綜合服務
☎088-863-2906

JR
JR高知站
☎088-822-8229

高速巴士
(東京～高知)
JR巴士關東
☎0570-048-905
(新宿～高知)
小田急巴士預約中心
☎03-5438-8511
(大阪～高知)
阪急巴士預約中心
☎0570-089-006
(福岡～高知)
九州高速巴士預約中心
☎092-734-2500
(手機專用)

構築起新時代的大功臣故鄉
南國風情滿溢的城下町

　　土佐24萬石的城下町，培育了多位開啟明治維新風氣的重要人士。週日市集等露天市集與充滿夏季風情的YOSAKOI夜來祭等，充分展現出這座城市的活力。品嘗新鮮海產及蔬菜烹製的土佐料理，也是旅途的樂趣之一。

HINT
前往高知的方法

　　如要搭飛機，最近的機場是高知機場。除了右頁圖所示之外，日本航空也有1天2班從福岡起飛的航班。機場的對外交通有土佐電交通、高知站前觀光的機場接駁巴士2系統，行駛路線均為經播磨屋橋觀光巴士總站到JR高知站前。

　　如要搭火車，可搭乘新幹線到岡山站，再轉乘土讚線的特急「南風」號。

　　如要搭高速巴士，夜車班次有：Busta新宿發車的「ブルーメッツ（BLUE METS）」號（需時11小時15分，單程14500日圓）、「スマイルライナー（SMILE LINER）」號（需時10小時45分，單程7200日圓～）等。

　　白天的班次則有岡山發車的「龍馬エクスプレス」號，需時2小時21～23分和火車相去無幾，但是票價3700日圓會比特急列車便宜。其他還有名古屋、神戶、廣島、福山等地發車的班次。

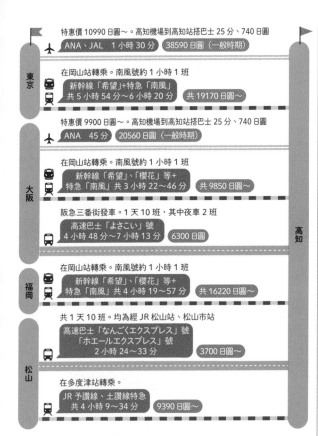

東京	✈	特惠價 10990 日圓～。高知機場到高知站搭巴士 25 分、740 日圓 ANA、JAL 1 小時 30 分　38590 日圓（一般時期）	
	🚄🚌	在岡山站轉乘。南風號約 1 小時 1 班 新幹線「希望」+特急「南風」 共 5 小時 54 分～6 小時 20 分　共 19170 日圓～	
大阪	✈	特惠價 9900 日圓～。高知機場到高知站搭巴士 25 分、740 日圓 ANA 45 分　20560 日圓（一般時期）	高知
	🚄🚌	在岡山站轉乘。南風號約 1 小時 1 班 新幹線「希望」、「櫻花」等+ 特急「南風」共 3 小時 22～46 分　共 9850 日圓～	
	🚌	阪急三番街發車。1 天 10 班，其中夜車 2 班 高速巴士「よさこい」號 4 小時 48 分～7 小時 13 分　6300 日圓	
福岡	🚄🚌	在岡山站轉乘。南風號約 1 小時 1 班 新幹線「希望」、「櫻花」等+ 特急「南風」共 4 小時 19～57 分　共 16220 日圓～	
松山	🚌	共 1 天 10 班。均為經 JR 松山站、松山市站 高速巴士「なんごくエクスプレス」號 「ホエールエクスプレス」號 2 小時 24～33 分　3700 日圓～	
	🚄	在多度津站轉乘。 JR 予讚線、土讚線特急 共 4 小時 9～34 分　9390 日圓～	

（岡山～高知）
下電高速巴士
預約中心
☎086-231-4333
兩備高速巴士
聯絡中心
☎0570-08-5050
（松山～高知）
伊予鐵高速巴士
預約中心
☎089-948-3100
（德島～高知）
德島巴士高速巴士
預約中心
☎088-622-1826
（高松～高知）
JR四國巴士高松
預約中心
☎087-825-1657
四國高速巴士預約中心
☎087-881-8419

MY遊巴士
（高知縣觀光協會）
☎088-823-1434

高知的門戶 — 鯨巨蛋

高
知

搭乘MY遊巴士輕鬆觀光！

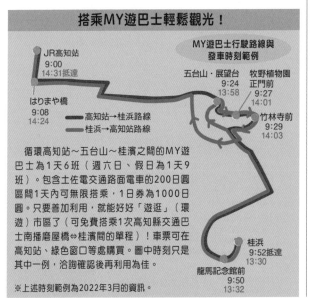

MY遊巴士行駛路線與
發車時刻範例

JR高知站
9:00
14:31抵達

はりまや橋
9:08
14:24

■ 高知站→桂浜路線
■ 桂浜→高知站路線

五台山・展望台
9:24
13:58

牧野植物園
正門前
9:27
14:01

竹林寺前
9:29
14:03

桂浜
9:52抵達
13:30

龍馬記念館前
9:50
13:32

循環高知站～五台山～桂濱之間的MY遊巴士為1天6班（週六日、假日為1天9班）。包含土佐電交通路面電車的200日圓區間1天內可無限搭乘，1日券為1000日圓。只要善加利用，就能好好「遊逛」（環遊）市區了（可免費搭乘1次高知縣交通巴士南播磨屋橋⇔桂濱間的單程）！車票可在高知站、綠色窗口等處購買。圖中時刻只是其中一例，洽詢確認後再利用為佳。

※上述時刻範例為2022年3月的資訊。

憑MY遊巴士乘車券
享有優惠的主要觀光設施

高知城天守懷德館、高知縣立文學館、高知縣立美術館、高知市立龍馬出生地紀念館、橫山隆一紀念漫畫館、高知縣立牧野植物園、桂濱水族館、高知縣立坂本龍馬紀念館、西島園藝社區等共17個設施
※此外，部分市區及機場的餐飲店、商店也有特價等優惠（需確認）。

掌握區域的重點

Ⓐ 高知城周邊

在這個區域可以認識以高知城為中心的土佐歷史。從追手門到高知縣立文學館步行2分；到高知城歷史博物館需時12分左右。走馬看花約2小時可以逛完。

Ⓑ 追手門～高知城天守閣

追手門步行5分可至高知城天守閣。城內的上坡路很陡，由於採用易守難攻的設計，所以並不好走。城內的銅像如一豐之妻和名馬等都值得一賞。

Ⓒ 露天市集

除了週日市集（p.92）之外，還有上町4～5丁目的週二市集、棧橋3丁目的民營週三市集、高知縣廳前的週四市集、愛宕町週五市集等。多數店家賣完即打烊，應上午前往。

Ⓓ 播磨屋橋周邊

是市內交通的要衝，各地開來的高速巴士和機場巴士、路線巴士大多會停靠。步行即可到達帶屋町等鬧區，是極方便的遊逛據點。橋梁附近設有公園綠地。

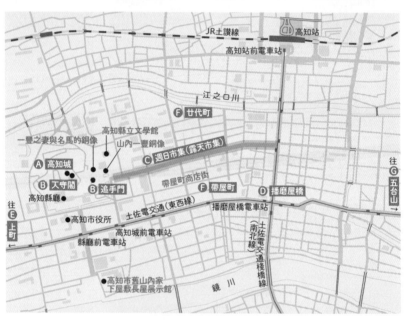

Ⓔ 上町一帶

高知城步行15分可至坂本龍馬的出生地。誕生地的石碑、龍馬參加過的日根野道場原址等，可以在遊逛途中了解坂本龍馬的少年時期。

Ⓕ 帶屋町～廿代町

土佐的夜晚歡樂街，帶屋町有拱頂商店街，而廿代町則是居酒屋、小酒館等集中的區域。帶屋町附近有許多伴手禮商店和鄉土料理、海鮮料理餐廳；22時左右會打烊，應早一些前往。夜店等會營業到較晚。

此外，攤販也非常有名，江之口川旁和世代町有賣餃子和拉麵等的美食攤販。喝完酒後務必來此吃個主食結尾。

Ⓖ 五台山

距離市中心不遠，有著豐富大自然的區域。搭乘巴士轉計程車，約30分可以到達。竹林寺和高知縣立牧野植物園等地，遊逛約需2小時。

遊覽順序的小提示

●遊逛高知周邊的龍馬相關景點

來到高知觀光，一定要去逛逛桂濱。如果是留在高知半天～1天的旅程，應以桂濱為中心來安排行程，安排在1小時左右遊完龍馬出生地上町一帶和高知城周邊。

若預計在高知住一晚時，則安排1天在桂濱、1天好好地進行市區觀光，再按照自己的喜好安插龍馬歷史館和其他龍馬相關景點。以高知為根據地，到郊區的五台山和龍河洞等地一遊也不錯。

●取得觀光資訊

如果搭乘機場巴士或JR抵達高知車站，首先應前往高知站南口旁的「高知觀光資訊傳播館Tosa Terrace」。使用場景模型介紹高知名勝，並展示土佐方言和夜來祭等當地風情的「以吾家土佐自豪展示專區」尤其有趣。也有販售伴手禮的「十全十美Tosa Terrace市集」，即使回程時間有點緊湊仍可以在此購買禮品，相當方便（8:30～18:00／ ☎088-879-6400）。

●靈活運用土佐電交通的路面電車

遊逛高知市區最方便的交通工具，運行系統請參考p.84。搭乘路面電車時，使用「電車1日乘車券」最划算。1天內可無限搭乘，市內均一區間票為500日圓、全區間票為1000日圓，搭3次就回本了。電車內及高知站內的kiosk等處均有販售。

此外，也別忘了電車內的「購物乘車兌換券」。在帶屋町商店街、播磨屋橋周邊的加盟商店購物超過3000日圓時，能夠憑本券向店家兌換可免費搭車1次（路面電車200日圓或巴士200日圓，均為市區均一區間）的「購物乘車券」。

進入追手門後左手邊的高知城服務處，可以申請當日的高知城免費導覽。

高知市內的免費導覽，則需於1週前電洽 ☎088-820-1165（義工導覽）。交通費等包含導遊的部分在內，則以實報實銷由遊客支付。

時間為9:00～17:00之間，原則上是以市內為中心的當日來回範圍內。觀光路線也可以先行敲定。

光欣賞各國電車、廣告車等就很愉快的土佐電交通路面電車

高知

TEKU TEKU COLUMN

酒國高知的行酒令
其① 筷子拳和可杯

筷子拳是土佐傳統酒宴上的行酒令，二人各拿3支紅色筷子，藏在掌中並互相亮出筷子猜出總數幾支來定勝負。當先攻者是1或5，後攻者是3時就贏了，連輸2場的人必須喝酒，因此雙方大打心理戰將飲酒場面炒得火熱。

可杯則是具有天狗、火男等造型，或打洞，或比例不平均的酒杯。只要拿在手上就必須喝完，不然就無法放在桌面。

酒國高知的行酒令
其② 一旦玩上癮就慘了！菊之花

土佐的酒宴上，一旦玩上癮就會很可怕的是「菊之花」這種行酒令。在盤子裡放好相對人數的倒置酒杯，其中之一裡面放著一朵生魚片盤中的小菊花。一面唱民謠一面輪流掀開，翻到菊花的人要飲酒，而且必須將之前打開的酒杯都斟滿喝掉。想想看幾十人一起玩時，那場面會有多瘋狂……？

1:126,000

周邊廣域地圖 P.166-1

※藍圈數字為四國88所靈場所在

市內交通詢問處

路面電車
土佐電交通
☎088-833-7121

路線巴士
土佐電交通
☎088-833-7171

觀光計程車
土佐包租計程車
☎0120-171-313

HINT

高知市內的交通

●**搭乘路面電車**……高知市區內有土佐電交通營運的路面電車。高知站發車的棧橋線（南北線）與本線（東西線）在播磨屋橋呈十字交叉。高知站前電車站發車的多數班次，都是經播磨屋橋駛往棧橋五丁目（棧橋線）。要前往高知城、高知縣立美術館時，應在播磨屋橋電車站轉乘東西線（往升形的班次除外）。

　轉乘時需要「轉乘券」，在播磨屋橋電車站下車之際，支付200日圓車資時告知即可取得。南北線全線以及東西線的鏡川橋電車站～曙町電車站之間均為市內均一區間（車資200日圓），因此南北線、東西線轉乘仍隸屬該區間內，只要有轉乘券就不必另付車資；超過市內均一區間時，無論是否有轉乘券都需要支付額外車資。

●**搭乘巴士**……前往桂濱時，需在高知站的巴士總站搭乘MY遊巴士，或利用土佐電交通的桂濱線。從播磨屋橋周邊前往桂濱時，從♀南はりまや橋搭桂濱線比較方便。

　前往龍河洞應搭乘土佐電交通巴士。由♀はりまや橋（東）搭潮見台／龍河洞線約1小時30分、980日圓。1天6班。

●**搭乘觀光計程車**……向高知市內的土佐包租計程車申請。高知市內～高知城～播磨屋橋～桂濱～高知市內需時約3小時，一般車型16800日圓～。路線可以商量。

市區的交通要衝，現在的播磨屋橋

觀賞&遊逛

播磨屋橋
はりまやばし

地圖p.87-F
高知站🚶10分。或高知站搭往棧橋五丁目的🚃土佐電
交通5分，播磨屋橋電車站下車🚶2分

　　隨著時代已經重建過無數次的播磨屋橋，現
在一共有三種橋。國道32號線旁是御影石的
橋；西側是仿造江戶時代太鼓橋的紅欄杆橋；
東側是使用明治時期的橋端柱修復的橋。周邊
有播磨屋橋公園，是遊逛時最好的休息處所。
播磨屋橋附近有座機關鐘，9時～21時之間每
逢整點就會有夜來祭人偶舞者上場表演，愉悅
路人。

📍 高知市播磨屋町

高知城
こうちじょう

地圖p.86-A
高知站🚶25分至追手門。或播磨屋橋電車站搭往
鏡川等的🚃土佐電交通5分，高知城前電車站下車
🚶5分

　　築城400餘年的高知城，是聳立在市區中央
的高知市地標。如名列國家級重要文化財的追
手門、天守閣、本丸正殿等，有諸多看點。追
手門附近除了土佐藩第一代藩主暨高知城建城
人山內一豐的銅像之外，還有賢內助一豐夫

人、出現在故事中馬匹的銅像，以及自由民權
運動的旗手板垣退助的銅像等。此外，本丸庭
園裡名為「懷德館」的正殿內部有對外開放一
般民眾參觀。

📞 088-824-5701　📍 高知市丸ノ内1-2-1
🕐 9:00～17:00(最後入館在16:30)
🚫 12月26日～1月1日　💴 420日圓

POINT 　鴨隊長導覽／也有從高知站步行7分可至的
蓮池町通電車站前去的方法。由此處一直通
往追手門的追手筋，是舉辦週日市集的道
路。充滿南方風情的加拿利海棗更讓此路風
情獨具。

龍馬出生地紀念館
りょうまのうまれたまちきねんかん

地圖p.84-A
播磨屋橋電車站搭往鏡川等的🚃土佐電交通10分，上
町1丁目電車站下車🚶3分

　　位於坂本龍馬
的出生地上町，
有各種龍馬相關
展覽品的紀念
館。木造瓦頂的
建築保有當時的

風格。幕末時期的上町街館以半立體模型展
示，人物則以和紙人偶來表現。此外，亦設有
能透過虛擬實境設備體驗龍馬生活時代的專
區，相當有趣。

📞 088-820-1115　📍 高知市上町2-6-33
🕐 8:00～19:00　🚫 無休
💴 300日圓　🅿 10輛

高知市舊山內家下屋敷長屋展示館
こうちしきゅうやまうちけしもやしきながやてんじかん

地圖p.86-D
播磨屋橋電車站搭往鏡川等的🚃土佐電交通6分，縣廳前電車站下車🚶3分。或高知城追手門🚶12分

　留存於幕末土佐藩主山內容堂別墅所在地的正統武家長屋。建築是2層樓南北向長形歇山式建築，名列國家級重要文化財。建築內部是重現當時各房間氛圍的展示館，陳列著下層武士和平民的生活用品等。2樓則展示著濱口道春製作的日本船等物品。

📞 088-832-7277（民權文化財課）
📍 高知市鷹匠町1-3-35　🕐 7：00～17：00
🈂 無休　💰 免費　🅿 附近有

高知縣立高知城歷史博物館
こうちけんりつこうちじょうれきしはくぶつかん

地圖p.86-D
高知城前電車站🚶3分。高知城追手門即到

收藏近67000件包含國寶及重要文化財在內的土佐藩主山內家祖傳品，並對外展示以珍貴

文化財、資料為主的高知縣相關歷史文物。館內有許多可透過體驗型展覽、影像、多媒體設備來學習歷史的有趣裝置。全年還會舉辦各種主題的特別展。此外，從瞭望大廳可以遠眺魄力十足的高知城雄姿。

📞 088-871-1600　📍 高知市追手筋2-7-5
🕐 9：00～18：00（週日為8：00～）　🈲 12月26日～31日
💰 500日圓，企劃展期間700日圓；搭配高知城天守閣、懷德館的通用入場券為常設展740日圓，企劃展期間900日圓　🅿 無

橫山隆一紀念漫畫館
よこやまりゅういちきねんまんがかん

地圖p.87-F
播磨屋橋🚶5分。或播磨屋橋電車站搭往文殊通、知寄町等的🚃土佐電交通東西線3分，菜園場町電車站下車🚶3分

　能夠了解高知市出身漫畫家橫山隆一的作品

和人品的漫畫館。位於高知市文化廣場かるぽ
ーと3樓到5樓，4樓的常設展示室設有可以透
過錯視畫等手法和橫山的代表作《小福》一起
遊玩的區域，以及用獨特方式重現當時模樣的
小福通等。

📞 088-883-5029
📍 高知市九反田2-1
🕐 9:00～18:00
🚫 週一（逢假日則開館）、過年期間
💴 410日圓
（特別展另計。漫畫圖書館為免費）
🅿 200輛（每30分200日圓）

高知縣立美術館
こうちけんりつびじゅつかん

地圖p.84-A
播磨屋橋電車站搭往文殊通、後免等的🚃土佐電交通東西線15分，縣立美術館通電車站下車🚶5分

　　土佐灰泥牆和土佐瓦屋頂的建築外觀令人印象深刻的美術館。常設的展覽區會交替展示全球為數不多的夏卡爾作品、與高知縣有淵源的攝影師石元泰博的作品。在展覽室以外的館內各處亦有美術作品點綴其中，增添了不少藝術氛圍。

📞 088-866-8000　📍 高知市高須353-2
🕐 9:00～17:00　🈲 過年期間
💴 370日圓（企劃展費用另計）　🅿️ 144輛

高知市立自由民權紀念館
こうちしりつじゆうみんけんきねんかん

地圖p.84-A
播磨屋橋電車站搭往棧橋通五丁目的🚃土佐電交通南北線9分，棧橋通車庫前電車站下車🚶即到

　　可以學習起始於明治時代的自由民權運動歷史。館內除了精心搭配展示的文獻和諷刺畫等眾多資料之外，還有展示刺殺板垣退助的短刀、寫有「自由勝利」字樣的大酒杯等眾多珍貴物品。仿造當時演講會場的民權座裡，還可以觀賞到與運動歷史有關的影像介紹。

📞 088-831-3336　📍 高知市棧橋通4-14-3
🕐 9:30～17:00（最後入館16:30）
🈲 週一（逢假日則開館）、假日的翌日（逢週六日則開館）、過年期間
💴 320日圓　🅿️ 60輛

五台山
ごだいさん

地圖p.84-A
🚏はりまや橋搭MY遊巴士（參考p.81）到🚏五台山展望台16分，到🚏竹林寺前23分，皆下車即到。若從JR高知站出發，到🚏五台山展望台24分，到🚏竹林寺前29分。使用五台山1日券600日圓可以來回搭乘

　　位於高知市東部，海拔139公尺的小山丘。山頂附近有展望台，能將高知市區和浦戶灣盡收眼底。滿是綠意的山中還有竹林寺和高知縣立牧野植物園等。

●竹林寺
　　四國靈場第31號札所。主神是以智慧之佛著稱的文殊菩薩。寺院除了本堂和大師堂之外，還建有全由檜木打造的五重塔，以及保存珍貴佛像的寶物館等。有高知三名園之稱的庭園也值得觀賞。

📞 088-882-3085
📍 高知市五台山3577
🕐 境內不限。寶物館和庭園為8:30～17:00
🈵 無休　💴 400日圓　🅿️ 100輛

POINT　鴨隊長導覽／五台山橋之後就是大自然環繞的山道。坡度很陡，對腿力沒有信心的人不妨搭乘計程車。

高知縣立牧野植物園
こうちけんりつまきのしょくぶつえん

地圖p.84-A
竹林寺山門🚶3分

　　為紀念有植物學之父美譽的牧野富太郎博士所開設的植物園。園內有諸多看點，例如南園的50週年紀念庭園、熱帶植物茂盛的溫室，以及北園的藥用植物區等。可以在廣達6公頃的園區

內，欣賞約3000種四季各有不同風情的花草樹木。此外，「邂逅植物觀察會」（不定期舉辦／13:30～15:30／名額20名／免費）會有專門的職員介紹各種當季植物。

在附設的牧野富太郎紀念館（本館、展示館），可以透過本人手繪的植物畫作、文書稿件等來了解他的生涯和貢獻。

📞 088-882-2601　📍 高知市五台山4200-6
🕐 9:00～17:00　❌ 12月27日～1月1日
💴 730日圓　🅿 100輛

龍河洞
りゅうがどう

地圖p.169-G
🚏 はりまや橋（電鐵總站大樓前）搭往土佐山田站等的🚌土佐電交通巴士44分，🚏土佐山田駅搭往龍河洞的🚌巴士20分，🚏龍河洞下車🚶2分

具有1億7500萬年歷史的神祕鐘乳洞。溫度偏低，屬於日本國家級天然紀念物的洞窟內，有著高達11公尺的紀念石瀑和神之壺，非常神奇。對一般民眾開放、約1公里的洞內走一圈需時約30分鐘。也可以戴上頭燈，參加龍河洞冒險路線。

📞 0887-53-2144（龍河洞保存會）
📍 香美市土佐山田町逆川1424
🕐 8:30～17:00（12月～2月為～16:30）
❌ 無休　💴 1200日圓　🅿 350輛

YOSAKOI夜來祭
よさこいまつり

地圖p.87-B、E

是高知的代表性活力祭典。可以看到每個人手持響板，配合各自隊伍改編的夜來民謠節奏舞動前進。8月9日是前夜祭，10日～11日則是本祭。12日的後夜祭還會舉辦日本全國大會。充滿原創風格的衣服和舞步十分有看頭。舞蹈可以在全市15處會場裡欣賞，不過收費座位的觀看體驗更好，不妨加以利用（預售票、費用及場所等請洽夜來祭振興會）。

📞 088-875-1178
（高知商工會議所內夜來祭振興會事務局）

香美市立柳瀨嵩紀念館
麵包超人博物館
かみしりつやなせたかしきねんかんあんぱんまんみゅーじあむ

地圖p.169-G
高知站搭乘JR土讚線28分到土佐山田站轉乘往大杤的🚌JR巴士23分，🚏アンパンマンミュージアム前下車🚶2分

位於麵包超人作者柳瀨嵩故鄉香美市香北町的歡樂美術館。除了展示柳瀨嵩原作的展示廳之外，表現出麵包超人世界的立體模型也很豐富有趣。後方建有詩與童話繪本館。

©やなせ・F・T・N

📞 0887-59-2300
📍 香美市香北町美良布1224-2
🕐 9:30～17:00
　（7月20日～8月31日為9:00～17:00）
❌ 週二（逢假日則翌日休）　💴 800日圓　🅿 50輛

與導覽義工走訪

坂本龍馬
出生的城鎮

1835（天保6）年，坂本龍馬出生於高知市上町。對於近代日本的黎明期有著重大貢獻的龍馬，原點就在這裡。從龍馬出生長大的上町一帶出發，好好遊逛和龍馬有深厚淵源的高知城吧！

放心交給導覽！
「遊逛龍馬出生的城鎮～土佐漫步～」
　如果需要解說員詳細介紹龍馬因緣之地，可以去登記龍馬出生地紀念館的觀光導覽（參加費700日圓，附該館入場券）。共有「龍馬出生行程」、「大政奉還行程」、「土佐的明治維新行程」等10個標準行程，部分日期還會有1天2個行程（需預約，1個月前起開放預約，各行程名額10名）

地圖 p.84-A
【詢問、登記處】龍馬出生地紀念館
☎088-820-1115　🕐8:00～19:00
http://ryoma-hometown.com/

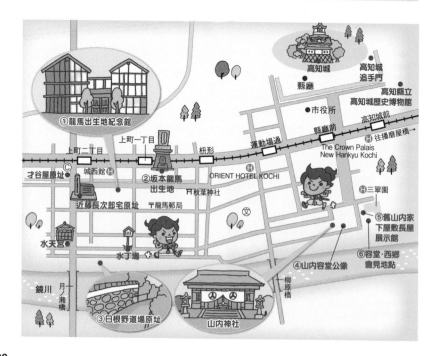

①龍馬出生地紀念館

高知城
高知城追手門
高知縣立高知城歷史博物館
縣廳
市役所
高知城前
縣廳前
往播磨屋橋
上町一丁目
枡形
運動場通
The Crown Palais New Hankyu Kochi
上町二丁目
才谷屋原址
城西館
②坂本龍馬出生地
秋葉神社
ORIENT HOTEL KOCHI
三翠園
近藤長次郎宅原址
龍馬郵局
⑤舊山內家下屋敷長屋展示館
水天宮
水丁場
⑥容堂・西鄉會見地點
④山內容堂公像
柳原橋
鏡川
月ノ瀨橋
③日根野道場原址
山內神社

龍馬出生地 上町一帶

龍馬出生的鄉士坂本家位於眾多商人和工匠居住的上町，靠近高知城下的西側，南為鏡川。姊姊乙女曾在鏡川嚴格訓練不會游泳的龍馬，漫步在河畔道路上或許能想像少年時代龍馬的模樣。

觀光景點
全部行程
（由此處出發！）

①龍馬出生地紀念館

位於龍馬出生地上町的紀念館。包含重現幕末上町街區模樣的半立體模型等，以龍馬少年時期為主的展示內容十分豐富（p.85）。

觀光景點
全部行程

②坂本龍馬出生地

1835（天保6）年11月15日，龍馬誕生於此地。龍馬出生的房子原位於上町1丁目（舊本丁筋）南側，但毀於戰火，現在則建有紀念碑。

觀光景點
龍馬出生行程

③日根野道場原址

龍馬14歲到脫藩之前致力於劍術修行的地方。經過道場的修行，龍馬不僅在劍技方面有所成長，精神層面也大幅提升了。

POINT

龍馬也仰望過的 高知城周邊

土佐藩24萬石的象徵高知城。日後，龍馬推動藩主山內容堂大政奉還。走在高知城下，緬懷龍馬的原點吧。

觀光景點
大政奉還行程
城下、土佐
美食行程

④山內容堂公像

人稱幕末四賢候之一，土佐藩第15代藩主山內容堂的銅像。他接受了龍馬起草，後藤象二郎進言的「船中八策」，向幕府建言大政奉還。

觀光景點
大政奉還行程
城下、土佐
美食行程

⑤舊山內家下屋敷長屋展示館

保存在山內容堂別墅原址的武家長屋。前方豎立著「容堂、西鄉會見地點」的看板。戰後宅邸出售，現在大部分都是三翠園的占地。

觀光景點
大政奉還行程
城下、土佐
美食行程

⑥容堂、西鄉會見地點

1867年，西鄉隆盛在島津久光的授意之下於此地和山內容堂見面，請求對方為了四賢侯會議進京。這裡是推動歷史朝明治維新邁進的重要場所。

行程範例

●**龍馬出生行程**（約90分）

前往龍馬出生地，以及龍馬修行劍術的日根野道場原址、龜山社中成員近藤長次郎宅原址等地參觀的行程

●**大政奉還行程**（約120分）

前往建言大政奉還的土佐藩主山內容堂與西鄉隆盛的會見地點，以及整理船中八策的後藤象二郎出生地等參觀的行程

●**土佐的明治維新行程**（約120分）

參觀土佐藩致力於殖興產業（振興經濟）而設立的開成館遺址、長岡讓吉的顯彰碑等，引領明治維新推動的相關地點

坂本龍馬出生的城鎮

暢快享用土佐的好味道!

山珍海味加上河鮮,南國土佐的「好味道」比比皆是。
去傳統美味到當令美味一應俱全的市場輕鬆享用吧。

活力洋溢的街道

週日市集

具有悠久歷史,日本最大的露天市集!

充滿活力的大規模市集,高知城追手門以東綿延達1.3公里的攤販市集。除了新鮮的蔬菜和海鮮之外,田舍壽司、甜點等加工品,和苗木、骨董等物品一應俱全。推薦在較熱鬧的8時至14時之間前往。

地圖p.87-B/☎088-823-9456(高知市產業政策課)/⏰5:00～18:00(10～3月為5:30～17:00,含備貨開店及收攤時間)/㊡1/1～2、8/10～12

週日市集購物MAP

- ●高知城
- 高知城前電車站
- 栽植區
- 苗木、栽植區
- 宅急便
- 高知市觀光協會服務處
- 區域是使用○丁目來分的
- 週日市集
- 小果番茄
- 飴湯
- 新鮮蔬菜產地直送真便宜
- 田舍壽司
- ↑JR高知站
- 6丁目北 / 6丁目南
- 5丁目北 / 5丁目南
- 4丁目北 / 4丁目南
- 3丁目北 / 3丁目南
- 2丁目北 / 2丁目南
- 1丁目北 / 1丁目南
- 土佐手工刀
- 弘人市場
- 7丁目
- 大橋通
- 以農產品為主
- 中の橋通
- 車輪餅
- 炸番薯
- 堀詰通
- 田舍壽司
- グリーンロード
- ●Bright Park Hotel
- 廿代町通
- 蓮池町通電車站
- 播磨屋橋
- P93有詳細介紹

整尾鯖魚壽司

使用一整尾鯖魚做成的代表性皿鉢料理。放上以醋漬過的鯖魚,光看都很過癮。

酥脆炸番薯

甚至會大排長龍的炸番薯堪稱高知的靈魂料理。酥脆口感搭配番薯的甘甜超級美味!

早晨採摘的番茄

高知的番茄以光亮外皮和高甜度聞名。甜味和酸味的平衡極佳。

色彩鮮豔的花卉

高知花卉的栽培極盛,新鮮的切花到盆花、苗木等應有盡有。

色彩繽紛的田舍壽司

以油菜花等季節蔬菜做成色彩繽紛的押壽司和捲壽司。

十分好切的刀具

土佐手工刀是高知傳統工藝品。工匠的技術和好切的手感已經傳承400多年。

柚子餡車輪餅

老闆說:「在高知僅此一家。」內含飽滿柚子餡的車輪餅。

季節時蔬

帶葉販售的蘿蔔等產地直送蔬菜才有的絕佳新鮮度。當令蔬菜種類豐富。

弘人市場 www.hirome.co.jp

「拓展」人情的市場

販售高知新鮮海鮮和雜貨等，有超過60家店面林立的複合式商店。可以用低廉的價格，吃到鰹魚、鯨魚和土佐次郎土雞等料理。另有集高知食材於一身的「龍馬通」，以及供應多種雜貨的「はいから横丁」等。

地圖p.87-B　☎088-822-5287
🕙10：00～22：00（視店鋪而異）
㊡1月1日、1月、5月、9月的第2或第3週三（詳情需至官網確認）

特產酒／土佐の地酒市場 西寅

高知的日本酒以辛口為主，在全國新酒鑑評會得到34次金賞的土佐鶴，以及罕見的栗子燒酎等各式名酒應有盡有。

郷土美味

新鮮鰹魚的鹽味半敲燒／やいろ亭

將土佐外海當天捕獲的鰹魚以稻草燒炙而成的半敲燒，以切片沾附粗鹽後享用。

海味

海鰻的半敲燒／珍味堂

可以吃到由於骨頭形狀特殊，外行人處理不來的海鰻。口感彈牙，含有豐富的膠原蛋白。除了半敲燒之外，炸物也很受歡迎。

海味

鯨舌／千松

將鯨魚舌頭切薄片後，沾上混有青蒜的特調味噌醬食用。

海味

土佐文旦／こうて屋

露天栽培的產季是春天。有著高雅甜味、外觀扁平的文旦香氣較佳。價格也經濟實惠。

當地美味

炸番薯條／黑潮物産

著名的高知伴手禮。種類豐富，有原味、灑上黑芝麻或青海苔的產品。鹽味的也適合作為下酒菜。

海味

郷土美味

弘人可樂餅／吉岡精肉店

現炸熱呼呼！使用土佐赤牛肉的肉店所炸的可樂餅。

當地美味

弘人炸雞翅／ひろめ揚げ

將雞翅以祕傳醬料沾裹後炸成的弘人市場人氣美食。散發著胡椒香氣，甜辣酥脆的口感一吃就會上癮。也很適合下酒。

當地美味

弘人市場的交易方式

❶ 料理在各個店裡選擇、購買。

❷ 在「城下廣場」、「自由廣場」用餐。

❸ 餐後有專人回收餐具。

POINT

弘人市場的特殊食品

酥炸曼波魚／珍味堂

連當地人都不容易吃到的罕見美味，酥炸曼波魚是週日限定的絕品。味道清淡卻口感酥脆，而且散發出淡淡的甜味。

四國首選的美味！

黑潮的海鮮
與皿鉢料理

受惠於黑潮，一整年都可以嘗到以新鮮食材製成的土佐料理，
豪邁就是信條。除了代表性的皿鉢料理之外，
還可以享用鰹魚和鯖魚、鯨魚料理。

居酒屋　喰多朗
いざかや　くうたろう

提供豪邁高知特色料理的居酒屋

　在高知鬧區裡有著特大店面的居酒屋。當天從土佐外海捕獲的
新鮮海產，有生吃、壽司、燒烤等多種調理方式。其中尤其以使
用土佐備長炭燒烤活貝的漁師燒1045日圓，更是使用活貝和鮮蝦
自行燒烤食用的豪邁高知特色料理。此外，搭配高知料理的必備
酒類如「宝山」、「ダバダ火振り」等日本各地特產酒和燒酎也
一應俱全。

鰹魚半敲燒通透美麗的紅肉入口即化

! HINT

這裡最推薦！

　名菜「活貝漁師燒」鮮度最重
要。有著大海味道的活貝和活蝦
直接豪邁地下去燒烤！

推薦菜色	
濱煮鳳凰螺	750日圓
鹽味鰹魚半敲燒	時價
土佐和牛油切牛/黑牛炙燒握壽司	680日圓
炸海鰻	860日圓
鰹魚飯	720日圓

地圖p.87-B
☎ 088-824-2811／📍 高知市
廿代町6-27,／高知站搭往棧橋
通五丁目的土佐電交通3分，蓮
池町通電車站下車🚶5分／🕐
17:30～翌2:00／🏠 不定休

新鮮海產經過豪邁、精心調理製成的多道美食。鰹魚半敲燒及生魚片自不用說，備前黑牛生生牛排1520日圓等肉料理也
十分美味

大橋通り　本池澤
<small>おおはしどおり　ほんいけざわ</small>

滿是高知當地的食材！老字號餐廳

可以少人數享用土佐著名皿鉢料理的餐廳。由直營鮮魚店送來海鮮製作的皿鉢料理，2～3人便可以點用。將魚內臟以鹽醃漬過的酒盜，以及沙丁魚苗、彈塗魚等珍味的種類亦多。目前由於店鋪改裝，僅受理團體預約及宅配。

推薦菜色	
鰹魚半敲燒定食	
清水鯖魚半敲燒	
皿鉢三昧（2人份～）	
鯨魚半敲燒	
生沙丁魚	
四萬十川炸蝦	

地圖p.87-E
♪ 088-873-3231／♀ 高知市本町2-1-19／播磨屋橋電車站搭往鏡川等的土佐電交通7分，大橋通電車站下車🚶1分／⏰ 11:00～20:00／休 無休

除了土佐外海的鰹魚之外，還有滿桌的新鮮山珍海味

ℹ️ HINT

土佐外海的鰹魚

從初夏時的第一批鰹魚開始，一直到魚兒肥美的秋季回頭鰹，每個季節都能享用到厚實肥美的鰹魚

醉鯨亭
<small>すいげいてい</small>

少見的鯨魚料理與土佐的美味

各種土佐鄉土料理在此一應俱全，其中又以鯨魚料理在高知算是數一數二地豐富。推薦菜色有由鯨舌、培根、鯨尾構成的鯨魚三吃拼盤，以及龍田炸鯨、生拌鯨肉等。此外，可以少量多樣地品嘗土佐在地食材的招待套餐也廣受好評。

推薦菜色	
鯨魚三吃拼盤	1080日圓
龍田炸鯨	1100日圓
生拌鯨肉	1000日圓
招待套餐	2800日圓
半敲燒定食（鹽味、柚子醋）	各1650日圓

地圖p.87-F
♪ 088-882-6577／♀ 高知市南はりまや町1-17-25／播磨屋橋電車站🚶5分／⏰ 11:30～13:30、17:00～21:30／休 週一

可以吃到鰹魚半敲燒、四萬十川的石蓴天婦羅等高知美味的「招待套餐」2800日圓（上）和以風味見長的龍田炸鯨

黑潮豪商　播磨屋宗德
<small>くろしおごうしょう　はりまやそうとく</small>

追求食材的美味與美觀

集全高知「好味道」於一身的餐廳。重視傳統之餘，也勇於挑戰新口味。著名的黑潮食材以鰹魚為首，包含鯨魚、海鰻、海扇蛤等豐富食材。提供生魚片、半敲燒、桔醋生魚片等吃法，可以品嘗不同風味的料理。

推薦菜色	
鰹魚生魚片	1540日圓
豪商生魚片拼盤（每日更換菜色）	1180日圓
酒盜	440日圓

地圖p.87-C
♪ 088-823-1341／♀ 高知市はりまや町1-3-15／播磨屋橋電車站🚶5分／⏰ 11:00～23:00／休 不定休

鰹魚料理除了招牌生魚片、半敲燒之外，使用完日曬鹽調製的鹽味半敲燒及壽司（土佐捲）也很好吃

高知站周邊／攤販

屋台安兵衛
やたいやすべえ

地圖p.87-B
高知站 🚶 5分

創業於昭和45年（1970年），餃子攤販的始祖「安兵衛」。著名的餃子1盤7個500日圓，為此而來的觀光客接二連三地造訪。口感酥脆的外皮和多汁的餡料堪稱絕配，據說訣竅在於煎烤的方法。拉麵600日圓，味道清爽的湯頭和細麵十分對味。叉燒麵1000日圓人氣也很高。想吃下酒菜的話，也可以選擇綜合關東煮500日圓等。

☎ 088-873-2773
📍 高知市廿代町4-19
🕐 19:00～翌3:00
休 週日
💴 餃子500日圓
Ⓟ 附近有

廿代町／中華料理

華珍園 別館
かちんえん べっかん

地圖p.87-B
高知站 🚶 12分

將整隻雞腿油炸後再分切的去骨炸雞946日圓，要沾特製的醬料食用。每月更換菜單的「推薦料理」是以當月食材精心調理而成。飲茶也很受歡迎，包含三種前菜、蒸點3道、炸點2道、蔬菜料理，搭配海鮮粥或蝦肉餛飩麵、杏仁豆腐的飲茶午餐為1600日圓。

☎ 088-823-2281
📍 高知縣廿代町13-2
🕐 11:30～15:00、17:30～21:30
休 週四
💴 午餐880日圓～晚餐1500日圓～
Ⓟ 10輛

大橋通周邊／鰻魚料理

うなぎ屋せいろ
うなぎやせいろ

地圖p.87-E
播磨屋橋搭往伊野等的 🚃 土佐電交通2分，大橋通電車站下車 🚶 5分

1982（昭和57）年開業的鰻魚料理店。進的貨是來自當地高知以及九州等地的新鮮鰻魚，客人點菜後現殺，用炭火一口氣燒烤而成是美味訣竅。這種堅持造就了微焦魚皮的酥脆與鮮嫩魚肉之間的協調感。剛烤好的鰻魚放在飯上，加上大量蔥花、海苔以及山葵的鰻魚丼1700日圓極受歡迎。搭配創業以來只以邊攪拌邊加料的方式所製成的祕傳醬汁食用。鰻魚飯3600日圓附鰻魚肝湯。

☎ 088-825-3292
📍 高知市帶屋町2-5-21
🕐 11:00～15:00(週日～17:00)
17:00～20:00(週四～六)
休 週三
💴 鰻魚丼1700日圓
Ⓟ 無

大橋通周邊／鄉土料理

田舍家
いなかや

地圖p.87-E
大橋通電車站 🚶 1分

從樸實的土佐家庭料理到創意料理都有供應，選擇性多元的居酒屋，價格低廉也是魅力之一。L型櫃台擺有店長使用大量當地鮮魚和當令山珍調理出的各式單點菜色。鯨魚料理很受歡迎，有鯨魚肉排、鯨肉天婦羅等。以當地須崎剛捕上岸的海鰻製成的半敲燒，搭配土佐鶴生貯藏酒也十分對味。

📞 088-823-6453
📍 高知市本町3-4-4
🕐 17:00～23:00
🈺 週日、假日
（超過10人預約則營業）
💴 晚餐2000日圓～
🅿 附近有

播磨屋橋／鄉土料理

土佐料理司高知本店
とさりょうりつかさこうちほんてん

地圖p.87-B
播磨屋橋🚋 2分

創業超過100年的土佐料理老店。使用在地當令食材的料理備受好評，例如鰹魚和海鰻的半敲燒1100日圓～等。鯨魚生魚片等鯨肉料理也應有盡有。山珍海味擺在大盤裡的鄉土料理皿鉢料理（2人份10000日圓）最好事先預約。備有21間包廂，可以放鬆享用美食。

📞 088-873-4351
📍 高知市はりまや町1-2-15
🕐 11:30～22:00（週日、假日為11:00～21:30）
🈺 過年期間
💴 午餐1500日圓～
　　晚餐4000日圓～
🅿 附近有

播磨屋橋／義大利菜

Bistro Chez-Kadaux
ビストロ シェ・カド

地圖p.87-B
蓮池町通電車站🚋 10分

位於鬧區巷弄裡的餐廳。店內由於店主人的興趣而有裝飾繪畫和吉他，發想來自於義大利餐廳。受歡迎的菜色有辣度分為15級，可選擇的特製辣味義大利麵1000日圓，以及迷你焗蝦仁700日圓。超過200種雞尾酒中也有使用新鮮水果的自創項目。

📞 088-871-1695
📍 高知市廿代町15-8
🕐 11:30～14:30（僅週二、四）、18:00～翌1:00
🈺 不定休
💴 午餐800日圓～
　　晚餐2500日圓～
🅿 附近有

播磨屋橋／鄉土伴手禮

土佐せれくとしょっぷ てんこす
とさせれくとしょっぷ てんこす

地圖p.87-E
播磨屋橋🚋 3分

常備約2000種高知縣34市町村的特產品，豐富品項一字排開的選貨店。要找伴手禮的話，這裡絕對是最棒的去處。

📞 088-855-5411
📍 高知市帶屋町1-11-40
🕐 10:00～19:00
🈺 無休
🅿 無

播磨屋橋／珊瑚製品

清岡サンゴ店
きよおかさんごてん

地圖p.87-C
播磨屋橋🚋 3分

土佐外海深水處成長的珊瑚製品老店。自創的胸針和手環各1000日圓～。

📞 088-872-2995
📍 高知市はりまや町2-1-2
🕐 10:00～16:00
🈺 無休
🅿 附近有

高知

97

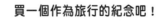

買一個作為旅行的紀念吧！

高知伴手禮

山珍、海味，高知有不少從特產品孕育而生的多種伴手禮。
從老店的糕點到平民美食，把土佐的美味通通帶回家吧。

03 鍋燒拉麵專賣店
橋本食堂／
4人份1080日圓

01 長尾雞的蛋
／蛋盒裝（6個）
810日圓

02 土左日記／6個入
648日圓

01	**02**	**03**	**04**
長尾雞的蛋	土左日記	鍋燒拉麵	姬鰹魚條
以約300年前產於南國市的長尾雞蛋為造型的糕點。酥脆的最中餅皮包著仿造成蛋白的棉花糖和蛋黃餡。	以求肥餅包豆沙餡，再灑上蛋酥做成的一口大小和菓子。像是打開紀貫之「土佐日記」般模樣的盒子極為特別。	須崎的平民美食「鍋燒拉麵」特色是雞骨醬油高湯加上有嚼勁的細麵。只要準備竹輪、青蔥和生雞蛋，即可享用到專賣店的風味。	以太平洋上釣獲的宗田鰹魚製成的迷你版柴魚條，做成容易食用的條狀。除了著名的醬油味和薑味之外，也有辣味噌味等。
西川屋知寄町本店 地圖p.84-A ♪088-882-1734／ ●、飯店內販賣部等處販售	青柳はりまや橋本店 地圖p.87-F ♪088-861-6066／ ★、●物產館等處販售	土佐せれくとしょっぷてんこす 地圖p.87-E ♪088-855-5411／ ★、●物產館等處販售	★、●物產館等處販售／詢問處 ♪0880-85-1515 （土佐清水食品株式会社）

04
姬鰹魚條／醬油味、薑味、蒜味、辣味噌味、鹽味的5條套組 1080日圓

06
喝吧馬路村／1瓶135日圓

05 髮簪糕／髮簪糕5個＋髮簪糖 648日圓

07
酒盜／甘口120g入681日圓～、辛口120g入594日圓～、飯盜／120g入864日圓

05

髮簪糕

以瑪德蓮餅皮包覆白餡，再以鋁箔包覆烤成的和菓子。咬下一口就立刻能感受到淡淡的柚子香味。夏天可以冰過再吃。

浜幸本店
地圖p.87-E
☎088-875-8151／
★、●物產館等處販售

06

喝吧馬路村

馬路村產柚子帶皮榨汁，再加入安田川伏流水和蜂蜜的飲料。柚子的風味和蜂蜜的適度甜味搭配起來極美味。也有盒裝產品。

★、●物產館、超市等處販售／詢問處
☎0120-559-659
（馬路村農協）

07

酒盜、飯盜

鰹魚內臟鹽辛「酒盜」是相當著名的美食，有偏甜的口味和以傳統工法製成的辣味。「飯盜」是僅以胃袋調製而成的酒盜，也很下飯。福辰有供應多種太平洋的海產美食。

福辰
☎088-831-9828／
★、●物產館等處販售

住宿指南

高知站周邊	土佐御苑	☎088-822-4491／地圖：p.87-B／1泊2食14300日圓～ ●可以吃到使用土佐豐富食材做成的創意料理。
	KOCHI PACIFIC HOTEL	☎088-884-0777／地圖：p.87-C／Ⓢ6800日圓～ ●14時以後可以check in，11時以前要check out。
	KOCHI PALACE HOTEL	☎088-825-0100／地圖：p.87-B／Ⓢ5200日圓～ ●大廳是歐式的裝潢。
	Bright Park Hotel	☎088-823-4351／地圖：p.87-B／Ⓢ6200日圓～ ●飯店前有開設週日市集。
	7 days Hotel	☎088-884-7100／地圖：p.87-C／Ⓢ5500日圓～（附早餐） ●空間偏小卻整潔舒適，受女性青睞的商務旅館。
	ホテルNo 1 高知	☎088-873-3333／地圖：p.87-B／Ⓢ5500日圓～ ●頂樓有露天浴池的市區飯店。
	高砂飯店	☎088-822-1288／地圖：p.87-C／1泊2食10500日圓～ ●設有能將高知市區盡收眼底的瞭望浴場。
	ORIENT HOTEL KOCHI 和風別館吉萬	☎088-885-3311／地圖：p.87-C／純住宿7700日圓～ ●純和風的沉靜客房。設有瞭望露天浴池。
	KOCHI SUNRISE HOTEL	☎088-822-1281／地圖：p.87-E／6000日圓～ ●機場有直達飯店的巴士。全部客房免費上網。
	Kochi Green Hotel Harimayabashi	☎088-822-1800／地圖：p.87-B／Ⓢ4800日圓～ ●以乾淨的客房待客。全部客房備有個別空調。
高知市區	臨水	☎088-822-1166／地圖：p.86-D／1泊2食13200日圓～ ●與土佐藩主山內家有淵源的和風旅館。能品嘗當令的皿鉢料理。
	THE CROWN PALAIS NEW HANKYU KOCHI	☎088-873-1111／地圖：p.86-D／Ⓢ8300日圓～ ●高級感洋溢的都會型飯店。設有運動俱樂部和餐廳酒吧。
	三翠園	☎088-822-0131／地圖：p.86-D／1泊2食15400日圓～ ●建於土佐藩主山內家宅邸原址。有日本庭園和舊山內家下屋敷長屋。
	城西館	☎088-875-0111／地圖：p.84-A／1泊2食23500日圓～ ●作為皇室御用旅館而聞名的老字號店家。頂樓設有露天浴池。
	高知旭皇家日航酒店	☎088-885-5111／地圖：p.87-F／Ⓢ13660日圓～ ●22層樓高的飯店。可以從客房看遍高知市區的夜景。
	高知会館	☎088-823-7123／地圖：p.86-D／Ⓢ1泊2食10000日圓～ ●便於市內觀光的公共住宿。備有無障礙客房。
	高知共済会館	☎088-823-3211／地圖：p.86-D／Ⓢ5300日圓～ ●市役所後方的公共住宿。亦備有4間和室。
	龍馬の宿 南水	☎088-873-2181／地圖：p.84-A／1泊2食12100日圓～ ●建於坂本龍馬宅邸原址。有展示龍馬相關的各種物品。
	高知王子大飯店	☎088-883-2323／地圖：p.84-A／1泊2食15070日圓～ ●設有可以俯瞰高知街區的瞭望大浴場。
	ORIENT HOTEL KOCHI	☎088-822-6565／地圖：p.86-D／暫時休館 ●菜色豐富的日西式自助餐「吃遍高知早餐」備受好評。

桂濱

區域的魅力度

自然散步
★★★★★
美食
★★
伴手禮
★★★

標準遊逛時間：3小時
高知縣立坂本龍馬紀念館～浦戶城跡～坂本龍馬像～桂濱～桂濱水族館

觀光詢問處

高知市觀光振興課
☎088-823-9457
土佐觀光導覽義工協會、桂濱觀光服務處
☎088-842-0081

交通詢問處

巴士
土佐電交通
☎088-833-7171
（機場接駁巴士）

計程車
機場共乘計程車
（日章包租計程車）
☎088-864-2731

與白浪嬉戲
沉醉於絕美名月

　　面對著太平洋黑潮的白色沙灘，與南國太陽照射下的松林呈現絕美搭配的桂濱。沙灘上來欣賞雄偉風光的遊客熙來攘往。附近還有和坂本龍馬有淵源的紀念館、水族館和紀念碑等眾多景點。

前往桂濱的方法

　　從高知市區搭乘土佐電交通巴士。播磨屋橋🚶2分可至♀南はりまや橋（地圖p.87-F），搭往桂濱的巴士27～30分、640日圓。高知機場沒有直達桂濱的巴士，所以要先搭乘機場接駁巴士至♀はりまや橋，再從♀南はりまや橋或♀堺町轉乘往桂濱的土佐電交通巴士。如果要從高知機場搭計程車前往桂濱，小型車需時約25分、約4580日圓。

遊覽順序的小提示

　　主要景點集中在由♀桂浜到桂濱之間的步道兩側。如果要前往高知縣立坂本龍馬紀念館，則應在♀桂浜的前一站♀龍馬記念館前下車。高知縣立坂本龍馬紀念館🚶約10分鐘走下坡路步道可至桂濱。

觀賞

桂濱
かつらはま

地圖p.103

♀桂浜 🚶 3分

以白沙青松極富盛名的高知名勝。由沙灘面海時，右手邊是龍王岬，左手邊是龍頭岬。兩海岬之間的弓形海岸會有強浪打上岸來，也有大町桂月的詩歌紀念碑。沿著步道向龍王岬方向走，可以一直走到岬角的前端。

♀高知市浦戶 🅿500輛(1次400日圓)

坂本龍馬像
さかもとりょうまぞう

地圖p.103

♀桂浜 🚶 5分

坂本龍馬是推動明治維新有功的土佐偉人。桂濱公園裡有一座右手放在懷裡、望向太平洋彼方的威嚴坂本龍馬雕像。像高13.4公尺，於1928（昭和3）年完成。據說是使用當時的攝影師井上俊三在1866（慶應2）年攝於長崎的照片作為參考刻成。

桂濱水族館
かつらはますいぞくかん

地圖p.103

♀桂浜 🚶 5分

建於桂濱海邊的水族館，可以近距離欣賞海洋生物為其魅力。該館飼育夢幻魚類日本尖吻鱸的數量為日本全國之冠，其群游景觀相當值得一看。在標本展覽室還可以直接觸摸小鬚鯨

的骨骼標本等展品，在日本也算是難得的體驗，不論大人還是小孩都能玩得開心。

📞 088-841-2437
♀高知市浦戶778 🕘9:00～17:00
🈺無休 ¥1200日圓 🅿500輛(1次400日圓)

高知縣立坂本龍馬紀念館
こうちけんりつさかもとりょうまきねんかん

地圖p.103

♀龍馬記念館前 🚶 3分

可以了解坂本龍馬人品的展示館。館內有龍馬的肖像、他的豐功偉業、有所關聯的人物介紹等等，常設展示多種歷史資料（亦可參考p.104-105）。2018年建設的新館與經過全面改裝的本館對外開放中。

📞 088-841-0001
♀高知市浦戶830 🕘9:00～17:00 🈺無休
¥500日圓(企劃展舉辦時700日圓) 🅿42輛

民宿まさご⊞
P103

觀光服務處

桂浜♀🅣
加茂屋 P103

住吉神社🈪
往浦戸
大橋

P103 レストまつむら🅡

龍馬の浜茶屋 P103

坂本龍馬像 P102

浦戸

浦戸城跡⛩

展望台

山茶小路

大町桂月
紀念碑

P102・104
高知縣立
坂本龍馬紀念館Ⓜ

♀龍馬記念館前

桂濱水族館
P102

龍頭岬

地蔵前
桂浜花海道

高知燈塔

桂濱 P102

土佐灣

◀
往橫浪

N

龍王宮⛩
展望台　龍王岬

0　　　　　　　200m

周邊廣域地圖P84

桂濱

美食&購物

🌵
鄉土伴手禮、食堂

レストまつむら
れすとまつむら

地圖p.103
♀桂浜🚶1分

　這間餐廳位於以小型龍馬像為招牌的伴手禮店「龍馬の店」2樓。名產是盛有鰹魚半敲燒的龍馬拉麵和龍馬烏龍麵。

📞 088-841-2564
📍 高知県高知市浦戸6
🕘 9:00～16:30
🈺 不定休

🛍
鄉土伴手禮

龍馬の浜茶屋
りょうまのはまぢやや

地圖p.103
♀桂浜🚶1分

　高知老牌點心製造商青柳經營的伴手禮店。配合2017年該店開幕同步發售的「龍馬大福」最值得推薦。小巧的大福綿綿軟軟，紅豆餡的甜度也恰到好處，十分美味。

📞 088-841-2211
📍 高知県高知市浦戸6
🕘 9:00～17:00
🈺 全年無休

🛍🛍
鄉土伴手禮

加茂屋
かもや

地圖p.103
♀桂浜🚶1分

　販售各種高知伴手禮的商店。最適合作為造訪桂濱的紀念品是五色石。龍馬像等龍馬相關商品也很受歡迎。推薦愛喝酒的人可以購買高知特產酒，常備有約30種可選。

📞 088-841-2516
📍 高知市浦戸6
🕘 8:00～16:30　🈺 不定休
🅿 500輛(1次400日圓)

桂
濱

STAY

住宿指南

| 民宿まさご | 📞088-841-2580／地圖：p.103／1泊2食12100日圓～
●最靠近桂濱的民宿。晚餐的鰹魚半敲燒很受歡迎。 |

坂本龍馬的生涯作風

創立海援隊、連結薩長同盟的同伴，發動大政奉還的幕末英雄坂本龍馬。就以高知縣立坂本龍馬紀念館內的信件和文獻，來了解他毫不矯飾的人品吧。

Global〈國際視野〉

日本を今一度せんたくいたし申候事にいたすべく

節錄自寫給姊姊乙女的信，一掃沉積在心中的陰霾，爽朗地寫出改變日本的雄心壯志。正當江戶的人們因為黑船來日本而騷動時，龍馬造訪了以博學聞名的河田小龍。小龍將習自從美國歸來的約翰萬次郎豐富知識和經驗告訴龍馬，讓龍馬的眼界拓展至船、大海和世界。龍馬認為不是藩不是幕府而是獨立國家的日本根基必須穩固，而在信中用了大量的「日本」一詞。

Humor〈幽默〉

抔も抔も人間の一世ハがてんの行ぬ八元よりの事うんのわるいものハふろよりいでんとしてきんたまをつめわりて死ぬるものもあり

寫給乙女書信中開頭的部分，述說了成為勝海舟弟子的喜悅。信中幽默地寫著，運氣不好的人睾丸會被浴桶邊緣割破而死，而自己則是超級幸運，成為了日本第一號人物的弟子。而另一封信中則寫著「エヘンエヘン」，表達被勝海舟誇讚的愉悅心情等，這些龍馬獨特的表達方式也令人莞爾。

Positive〈先進〉

寫給後來海軍中將林謙三信中的一節，意思是「雖然不知道明治政府會陷入混亂或是平暴治亂，都一起努力吧」。達成大政奉還的龍馬，還曾經想和林謙三一起完成開拓北海道的新夢想。他總是目光深遠，也經常採取更積極的行動。

寫完這封信的四天後，龍馬在京都近江屋被暗殺死亡。

修羅が極楽にお供申すべくと存じ奉り候

←1樓展示室後方，龍馬也曾看過的太平洋就在眼前

Mission〈使命〉

人誰か父母の国を思ハざらんや然二忍で之を顧みざるハ情の為に道に乖り宿志の蹉躓を恐るるなり

引用自寫給土佐藩士溝渕廣之丞的信件。在檯面下推動大政奉還的龍馬在信中表現出了強烈的使命感，「自己做的重要事情絕對不允許受挫，因此見到老朋友也一定擺出事不關己的態度」。看得出平常很重人情的龍馬，在這件事上破釜沉舟的決心。

Smart〈機智〉

私一人二て五百人や七百人の人お引きて天下の御為するよりせ四万石を引て天下国家の御為致すが甚よろしく

發表船中八策的九天後寫給乙女的信件，內容是「只靠500人或700人的我等土佐勤王黨是沒什麼作用的，自己必須要帶領整個24萬石土佐藩來進行改革」。信中除了以數字表現出事態的嚴重性之外，還間接地說明了「土佐勤王黨的想法不行，真正了解大政奉還的人是後藤象二郎」。果然是有先見之明又機智的龍馬式寫法。

Capacity〈包容力〉

嘗て本藩を脱する者及び他藩を脱する者海外に志ある者此の際に入る運輸射利開拓投機本藩の応援を為す者を主とす

出自海援隊規約裡的句子，表達出只要有心，歡迎每個人都加入海援隊。可以看出龍馬胸襟寬大，只要是優秀人才不論出身如何一律採用。就像陸奧光宗說的「龍馬是個看穿世界的人」一般，在胸懷「世界」這個遠大目標的龍馬心中，只重視人的個性和想法，對於身分和地位完全不介意。

←海援隊成員

POINT

想更了解龍馬！高知縣立坂本龍馬紀念館

一年大約有13萬名龍馬迷來參觀的高知縣立坂本龍馬紀念館。收藏了坂本龍馬的信件約50封（包含真跡6件），經常展示約20件展品。內容多為白話文，而且除了墨之外還使用了彩色，也使用引出線加以說明等，在當時算是打破常規的方法很有龍馬的風格。每一件都有讀法和現代用法的翻譯，因此十分容易了解。除了信件之外，也有龍馬相關的書簡和資料等展示（參考p.102）。

坂本龍馬的生涯作風

搭乘可以觀賞土佐灣風光的特等座出發！

搭後免-奈半利線
前往安藝、室戶

行駛於高知縣東海岸的土佐黑潮鐵道後免-奈半利線。
沿線上有「龍馬傳」相關人物的出生地。地圖p.169-J

高知　土讚線　後免　野市　赤岡　安藝

後免驛男兒

慎太郎2號 10:16高知站發車→12:04到奈半利站
彌太郎1號 14:32安藝發車→15:28到後免

のいちんどんまん

龍馬歷史館也不
容錯過！(p.108)

赤岡 えきんさん

大海近在眼前。夜須
站後可以見到足摺岬

POINT　　　　　　　　　　　特別款列車

什麼是後免-奈半利線？

沿著高知縣東南部海岸行駛的鐵道，連接後免站～奈半利站。普通列車與大部分快速列車都從JR高知直達，到中途的安藝站為1天7班，到奈半利站有17班。靠海側為開放式的特別款列車有2輛在運行。

赤岡

高知站搭快速33～39分　￥670日圓

精采的戲劇畫

●繪金藏

收藏俗稱繪金的繪師金藏作屏風畫。雖然展示的是複製品，但每個月可以從「壁穴」觀賞2張真蹟。7月第3週六日會舉辦繪金祭。

地圖p.169-J／☎0887-57-7117／赤岡站🚶8分／⏰9:00~17:00／🛌週一（逢假日則翌日休）、過年期間／￥520日圓

安藝

高知站搭快速47分～1小時1分　￥1180日圓

從安藝站借自行車四處遊逛

安藝市內有許多名勝古蹟和童謠的曲碑。去安藝站的Jibasan Market（☎0887-35-7500⏰7:00～19:30 🛌無休）借一輛免費的自行車四處遊逛吧。觀光洽詢可致電安藝觀光資訊中心☎0887-34-8344。

●野良鐘

1887（明治20）年左右建成，堪比安藝市象徵的鐘樓。這件精彩之作是地主畠中源馬靠自學製成，他以美國的掛鐘為藍本，親手打造所有零件。

安藝的代表性風景

地圖p.107-中上／安藝站🚶10分

安藝城下的街區

地圖p.107-中上／安藝站🚶13分／⏰8:00～17:00／🛌無休／￥免費

●土居廓中

江戶時代建成的武家宅邸，共約40戶。建於幕末的野村家住宅可以入內參觀，感受一下江戶時代的氛圍。

106

各站的吉祥物大集合！

所有車站都畫有和當地相關的吉祥物，由麵包超人的作者，出生於香美市（舊香北町）的繪本作家柳瀨嵩設計。

©やなせたかし

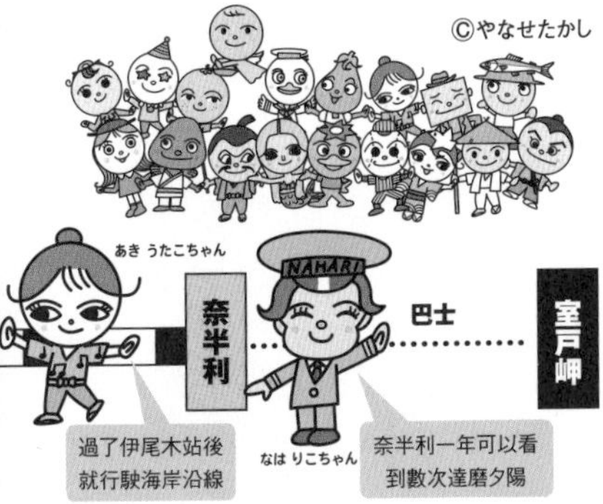

あき うたこちゃん
NAHARI
奈半利
巴士
室戶岬
過了伊尾木站後就行駛海岸沿線
なは りこちゃん
奈半利一年可以看到數次達磨夕陽

靜謐的建築

地圖p.107-左上／安藝站🚲20分／🕓8:00～17:00／㊡無休／¥免費

●岩崎彌太郎舊宅

三菱財閥的創始人岩崎彌太郎出生的地方。土倉庫的鬼瓦有著三菱造型的家紋，據信是三菱商標的原型。舊宅前的廣場上立有《春よ来い》的曲碑。

周邊廣域地圖 P.168-169
安 藝
1:45,500
0 600m
往內原野
•岩崎彌太郎舊宅 P.107
弘田龍太郎曲碑「春よ来い」
一の宮神社
僧津
35分
安芸城跡
安芸市立書道美術館
安芸市立歴史民俗資料館
P.106 土居廓中
弘田龍太郎曲碑「叱られて」
廓中ふるさと館
20分
高台寺
土居
P.106
野良鐘
高園茶屋
25分
20分
為自行車路線
下中村
安藝市
黒鳥
東浜
春日
春日橋
Jibasan Market（自行車租借）
START
GOAL
安藝
12分
土佐黑潮鐵道後免-奈半利線
淨貞寺
弘田龍太郎曲碑「お山のお猿」
あき総合病院
岩崎弥太郎銅像
安芸市役所
ホテルTAMAI
弘田龍太郎曲碑「雀の学校」
•安芸市営球場
井ノ口通
市役所前
安芸ドーム
安藝綜合醫院前
妙山寺
本町
55
安芸川橋
安芸桜ケ丘高
球場前
安芸高
•元氣館
往後免
往高知
往奈半利
往室戶岬
土佐灣

室戶岬

地圖p.169-K　奈半利站搭🚌高知東部交通巴士55分、室戶岬下車。1200日圓

名為阿南海岸國定公園的名勝。由中岡慎太郎像走過亂礁觀光步道，遊逛弘法大師相關景點。觀光洽詢可致電室戶市觀光協會☎0887-22-0574。

●亂礁觀光步道

海岸線旁綿延約2.6公里的觀光步道。沿途有弘法大師洗眼的池子、灌頂濱等與大師相關的傳說之地。

亂礁觀光步道

室戶岬👟即到

●御廚人窟

弘法大師的修行處，共有兩個洞穴。面對入口的右側洞穴是進行修行的神明窟，左側為居住的御廚人窟。

悟道的神明窟

室戶岬👟15分

奈半利

高知站搭快速1小時11～26分　¥1330日圓

●中岡慎太郎館

為紀念幕末志士中岡慎太郎的豐功偉業而建的資料館，對外展示各種資料介紹其生平。附近還有經過修復的老家。

懷念志士

地圖p.169-K／☎0887-38-8600／奈半利站搭🚌村營巴士20分、300日圓／🕓9:00～16:30／㊡週二／¥500日圓

睡蓮池

地圖p.169-K／☎0887-32-1233／奈半利站搭🚌村營巴士9分、230日圓／🕓9:00～17:00／㊡第1週三／¥1000日圓

●北川村「莫內庭園」Marmottan

以印象派畫家莫內自宅庭園為藍本打造的美麗庭園，藍色睡蓮的最佳觀賞期在7～8月的上午。

學習坂本龍馬的生平

龍馬歷史館

香南市野市的龍馬歷史館內,以27個場景、120尊蠟像精巧重現坂本龍馬的生涯。透過充滿臨場感的展示,回顧坂本龍馬的一生吧。

創造廣場「ACT Land」內 龍馬歷史館/地圖p.84-B/野市站🚶10分/香南市野市町大谷928-1/🅿285輛/☎ 0887-56-1501/🕙10:00～18:00（門票販售為～17:30）/🈺 無休/¥ 1500日圓

龍馬誕生

天保6年 1835 1歲

　　1835(天保6)年11月15日,龍馬在上町1丁目出生,是鄉士坂本八平直足的第二個兒子。據說母親幸在生產之前,還夢到了「龍昇天馬入胎」。

乙女姊姊的特訓

　　將不會游泳的龍馬帶去鏡川,用竹竿吊起來做游泳訓練的乙女姊姊。大3歲的姊姊嚴格地教育了愛哭的龍馬。

寺子屋的龍馬

弘化3年 1846 12歲

　　龍馬12歲時開始前往小高坂村楠山庄助塾就讀,不過半年就被退學,原因是和上士之子爭吵。母親幸過世也在這個時期。

＊年齡為虛歲

創設土佐勤王黨

1861(文久元)年，來到江戶的武市半平太創造了土佐勤王黨後，回到土佐招募同志，2年後共得到了192名堅忍不拔的血盟有志之士。龍馬是第9個立誓人。

脫藩、與勝海舟的邂逅

1862(文久2)年3月24日，龍馬和澤村惣之丞一同逃離高知；26日，由檮原越過韮峠而成功脫藩。寄居於江戶千葉道場的龍馬邂逅了勝海舟，之後在設立神戶海軍操練所一事上也貢獻良多。1863(文久3)年2月，在勝海舟的斡旋下，得以免於脫藩罪。

日本商社的原型「龜山社中」

1864(元治元)年勝海舟失勢，藏匿在薩摩藩的龍馬等人，翌年在長崎成立了公司。是為了以薩摩藩的名義購買汽船和武器，和英國商人湯瑪士哥拉巴進行交涉的夥伴。

薩長同盟成立

1865(慶應元)年5月之後，龍馬奔走四處以求得薩長和解。翌年1月22日，薩摩藩重臣小松帶刀、西鄉吉之助和長州藩桂小五郎對談，成立了「薩長同盟」。

寺田屋事件

薩長同盟的隔天23日晚上，龍馬和三吉慎藏待在伏見的寺田屋時，被伏見奉行所的官員包圍。感受到異狀的阿龍急告二樓，龍馬和三吉應戰後逃離。

近江屋的慘劇

寺田屋事件後，龍馬身邊常有捕吏刺客徘徊。1867(慶應3)年11月15日黃昏，龍馬在固定下榻的近江屋和中岡慎太郎一同遭到襲擊而殞命。坂本龍馬享年33歲。

龍馬迷必見！

坂本龍馬
脫藩之路漫步

位於高知和愛媛縣界的樺原町，是知名的坂本龍馬脫藩之鄉。
也來走走龍馬曾經走過的土佐脫藩之路吧。

幕末志士走過的通往維新之路

龍馬迷都會想走一趟的「龍馬脫藩之路」。1862(文久2)年，逃離高知的龍馬在樺原町的那須俊平、那須信吾父子帶領下，越過韮峠脫藩往伊予之國。這個龍馬脫藩的地方，由當地導覽帶領的遊逛路線人氣很高。走過援助脫藩志士的掛橋和泉舊宅、立有樺原相關志士群像的「維新之門」，讓自己沉浸在脫藩的氛圍裡。

昔日氛圍依舊的龍馬脫藩之路

站在直通韮峠脫藩之路上的人是當地導覽人員而非樺原志士。導覽人員也會扮成志士來為遊客進行導覽（需1週前以前預約）

POINT

「龍馬脫藩之路」觀光導覽

¥1名導覽人員4000日圓（90分／需預約）。由當地導覽人員帶領，遊逛樺原町坂本龍馬相關史蹟的「脫藩之路漫步」。從樺原町綜合廳舍出發，路經過掛橋和泉邸、六志士之墓、立有八人銅像（與樺原町有關的六志士，加上坂本龍馬、澤村惣之丞）的維新之門等，巡覽龍馬相關景點的90分左右行程。也會造訪三嶋神社、神幸橋以及芝居小屋樺原座等。
【洽詢、申請】♪0889-65-1187樺原觀光服務處

●前往樺原町的方法　地圖p.167-H
高知市區搭🚗約2小時。或高知站搭JR土讚線特急「南風」約40分，須崎站搭往樺原的🚌高知高陵交通巴士約1小時15分，♀樺原下車
高知高陵交通♪0889-42-1705

掛橋和泉邸

雖然身為神職家世，卻散盡家財支持同志的掛橋和泉舊宅。茅葺屋頂和屋頂裡的隱藏房間（姬隱）都留有當時的風貌

茶堂

交通要衝樺原留有過往居民輪流接待旅人的茶堂。龍馬是否也曾在此接受過奉茶款待呢

維新之門（群像）

表彰樺原相關8位志士的群像（右起第二人為坂本龍馬）。右端那須俊平所指之處就是韮峠。左邊的志士們看來像是隨時會衝出來一般

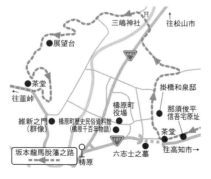

三嶋神社　往松山市
展望台
茶堂
往韮峠
掛橋和泉邸
那須俊平信吾宅原址
茶堂
維新之門（群像）
樺原町歷史民俗資料館（樺原千百年物語）
樺原町役場
六志士之墓
往高知市
坂本龍馬脫藩之路
樺原

中村
四萬十
足摺

四萬十川、中村、足摺／掌握區域的重點

Ⓐ中村

中村是往四萬十川和足摺岬方向的觀光據點，住宿設施和餐飲店雲集。距離各個參觀景點都不近，若要前往蜻蜓自然公園、安並水車之里和沉下橋等接觸四萬十川大自然的景點，最好租自行車前往。要前往遊覽船乘船處，搭乘巴士或計程車較為方便。要前往足摺岬時也由站前搭乘巴士，巴士的班次大概都會配合到站的特急列車時刻。

住在市區而還有些空餘時間時，可以到有土佐小京都之稱、十分具有風情的市區一逛。

Ⓑ四萬十川觀光遊覽船

四萬十川是區域最大的景點，以使用定期航班的遊覽觀光最為盛行。代表性的路線有三。由上游的三里沉下橋到佐田沉下橋之間搭乘屋形船遊覽的「四萬十之碧」路線，以空氣澄澈的上午最為適合。往山區的眺望風光更是美不勝收。

乘掛帆船（舟母）由佐田沉下橋到下游四萬十橋的路線，則可以享受水流平緩的船旅樂趣。

到了靠近河口的半鹹水域，也可以搭乘漁夫船體驗柴漬漁等傳統的捕魚方法（需預約）。到了黃昏，還能欣賞到日落西山的夕陽美景。

要前往沉下橋方向的遊覽船乘船處，就搭乘計程車或騎出租自行車。如果想要搭乘多個遊覽船路線，則騰出一整天的時間為佳。

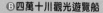

Ⓒ龍串、見殘

可以欣賞到海岸旁的奇岩景勝，以及海中珊瑚礁、熱帶魚等屬於四國南部的壯闊海洋風景。由於大眾運輸不夠發達，搭配足摺岬一起遊覽時不妨在♀清水バスセンター轉乘巴士，或是搭計程車。路線若是適合，以中村為起點搭配四萬十川的景觀和足摺岬遊覽的觀光計程車，也可以列入考慮。

Ⓓ足摺岬

白色的燈塔和蔚藍的海水等，可以感受到四國最南端風情的區域。要到觀光步道散步，就在♀足摺岬下車；要下榻足摺溫泉鄉的旅館，則在前一站♀足摺岬センター下車較為方便。餐飲店和伴手禮店集中在♀足摺岬周邊。遊逛燈塔和金剛福寺需時約1小時，走自然觀光步道的話要再加1小時。

地圖標示：
- 往高知→
- 佐田沉下橋
- なっとく乘船處
- 舟母浪漫 松廣屋乘船處
- 四萬十之碧乘船處
- 四萬十川觀光遊覽船 Ⓑ
- Ⓐ中村
- 中村站
- 土佐黑潮鐵道
- 甲ヶ峰♀
- 四萬十川
- 321
- 龍串 Ⓒ
- 見殘 Ⓒ
- 約翰萬次郎資料館（海の駅あしずり）
- ♀清水バスセンター
- 約翰萬次郎宅邸原址
- Ⓓ足摺岬

HINT

計劃的小提示 HINT

●從高知機場到中村站，比想像中遠多了

這個區域的交通樞紐是中村站。從東京、大阪等地到中村站，一般都是搭乘飛機到高知機場後轉車前來，但因為是採用從高知機場搭機場巴士到高知站再轉乘火車前往的交通方式，故即使搭到最早的班機，到達中村也在中午過後了（參考下例）。如果出發時間較晚，則第1天的觀光時間幾乎所剩無幾，應注意。

例：東京出發，2017年4月時

| 羽田機場 | ✈ 7:40 起飛 JAL491 班機 | 高知機場 | 🚌 9:10 抵達 搭接駁巴士 往高知站 25分 | 高知站 | 🚃 9:53 發車 JR 足摺 1 號 11:32 抵達 | 🚩 中村站 |

●高效率安排觀光地點

如果安排此區域2天1夜的觀光行程，則住宿應選在中村。第1天和第2天各約半天的觀光行程，可安排搭乘四萬十川觀光遊覽船、在小京都中村的市區散步。如果多住1晚，則第2天可以造訪足摺岬，住宿則安排在足摺溫泉鄉。第3天還可以到龍串和見殘等地一遊。

●活用周遊巴士「しまんと・あしずり号」

以中村車站為起點，將四萬十川漫步、搭遊覽船周遊，以及足摺岬、見殘遊覽行程成套販售的周遊巴士「しまんと・あしずり号（四萬十、足摺號）」，不妨加以運用。有半日、1日、2日等不同行程，雖然不含各個設施的門票和餐費，卻是極方便的周遊交通工具。參考p.174。

回程的交通建議 HINT

●回高知方向

大部分由足摺岬往中村的巴士，都可以在中村站接上開往高知的特急列車。特急的自由座在非旺季時期大多會有空位可坐，但黃金週等旺季時則最好先訂好對號座，以免人多沒有座位。

●往宇和島、松山方向

由足摺岬到中村站需搭乘巴士。中村站往宇和島方向，一般會搭乘土佐黑潮鐵道班車到宿毛，再由宿毛站轉乘宇和島巴士前往宇和島，中村到宇和島需時約2小時21分～3小時33分。從宿毛站前的巴士總站發車、約1～3小時1班（末班18:22）的巴士未必會配合火車時間，需多加注意。途中朝左手邊可以眺望宇和海風光，是條景色極美的路線（宇和島巴士 ☎0895-22-2200）。

大阪出發的最快方式

搭乘最早班機到高知機場，或搭6:00新大阪發車的新幹線行經岡山，都會接上9:53高知發車的「南風1號」，11:32抵達中村。高知～中村的特急之後便以1～2小時1班的班距運行。

交通的據點－土佐黑潮鐵道中村站

中村和足摺
住宿的型態是？

中村最適合作為四萬十川觀光的據點，市區內有商務飯店、民宿和都會型飯店。另一方面，足摺岬有足摺溫泉鄉，觀光景點附近就是旅館、飯店、民宿集中的地方。如果觀光以足摺岬一帶為主，則此溫泉鄉最為方便，有露天浴池和可以眺望太平洋風光的住宿處亦多。

宇和島方向前來會行經的門戶－宿毛站

中村

區域的魅力度

山村風景
★★★★★
美食
★★★★
伴手禮
★★

標準遊逛時間：3小時
不破八幡宮～一條神社～安並水車之里～蜻蜓自然公園

觀光詢問處

四萬十市商工觀光課
☎0880-34-1783
四萬十市觀光協會
☎0880-35-4171

交通詢問處

鐵道
土佐黑潮鐵道中村站
☎0880-35-4961

巴士
宇和島巴士
☎0895-22-2200

出租自行車
四萬十市觀光協會
☎0880-35-4171
四万十りんりんサイクル
（四萬十市觀光協會）
☎0880-52-2121

計程車
鈴包租計程車
☎0880-34-2413
平和觀光計程車
☎0880-34-1414

在四萬十川河口的城鎮裡
看到了京都的文化

中村是1468（應仁2）年時由京都退下來的前關白一條教房，模仿京都打造出棋盤式街道的城鎮。大家稱之為土佐小京都，留存了許多和一條家族相關的史蹟。既有著親近大自然的眾多休閒設施，獨特的河魚料理也不容錯過。

HINT

前往中村的方法

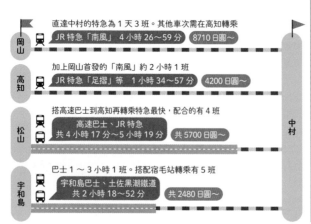

岡山
直達中村的特急為1天3班。其他車次需在高知轉乘
JR特急「南風」 4小時26～59分 8710日圓～

高知
加上岡山首發的「南風」約2小時1班
JR特急「足摺」等 1小時34～57分 4200日圓～

松山
搭高速巴士到高知再轉乘特急最快，配合的有4班
高速巴士、JR特急 共4小時17分～5小時19分 共5700日圓～

宇和島
巴士1～3小時1班。搭配宿毛站轉乘有5班
宇和島巴士、土佐黑潮鐵道 共2小時18～52分 共2480日圓～

中村

中村站前的觀光服務處

遊覽順序的小提示

觀光景點散在各處，都和車站有段距離，步行遊逛會比較困難。路線巴士很複雜，因此以租自行車或搭觀光計程車的方式效率較高。此外，還有乘客通知就發車的「中村町巴士」，只要打電話，10～15分鐘就會來載客前往想去的市區場所。

出租自行車的標準路線……中村站～不破八幡宮～一條神社～安並水車之里～蜻蜓自然公園～中村站　　　　　　　　　　　※需時約3小時

觀光計程車標準路線…中村站～佐田沉下橋～三里沉下橋～安並水車之里～下田～中村站　　　　　※需時約2小時、普通車10400日圓

要前往四萬十川中游的觀光門戶江川崎車站時，由高知方向出發的話應搭乘特急「南風」前往窪川站，再轉乘予土線的普通列車。需時2小時7～54分，5班。特急自由座費用為3540日圓。

出租自行車

四萬十市觀光協會…8:30～17:30／5小時內1000日圓、24小時1500日圓。四万十りんりんサイクル（參考p.121）…8:30～17:30／1天1500日圓、24小時2000日圓。

中村町巴士

每次的乘車費用一律成人200日圓、兒童100日圓。預約及營業時間（8:30～11:00、12:00～18:00）內，請洽☎0880-34-7666（鈴包租計程車）預約。

觀賞&遊逛

不破八幡宮
ふばはちまんぐう

地圖p.116-A
土佐黑潮鐵道中村站🚶10分

為了躲避應仁之亂而至此地的前關白一條教房，迎來京都的石清水八幡宮創建而成，三間社流式的木板屋頂本殿為國家級重要文化財。夏季有在四萬十川舉行的神輿洗，以及秋季大祭中舉行的神輿結婚典禮等儀式都非常有名。

☎0880-35-2839　♀四万十市不破1374-1
🕐境內不限　🅿10輛

一條神社
いちじょうじんじゃ

地圖p.116-A
土佐黑潮鐵道中村站🚶10分

祭祀一條家數代靈位的神社。建築物是在過去一條氏中村御所的所在地上，由遺臣們動手建成。神社占地內還留有一條氏的相關遺蹟，如藤見的宅邸遺蹟和化妝井等。

☎0880-35-2436　♀四万十市中村本町1-3
🕐境內不限　🅿10輛

四萬十市鄉土博物館
しまんとしきょうどはくぶつかん

地圖p.116-A
土佐黑潮鐵道中村站搭計程車10分、約900日圓

收藏幡多地區珍貴歷史資料的資料館。模仿愛知縣犬山城而建的外觀為其特徵。展示品除了一條家的資料之外，還有日本只有四把的七星劍之一、中村出身的社會主義思想家幸德秋水的遺物等珍貴資料。在天守閣上可一覽市區。

☎0880-35-4096　♀四万十市中村2356
🕐9:00～17:00　🅇週三
💰440日圓　🅿10輛

蜻蜓自然公園
とんぼしぜんこうえん

地圖p.116-A
土佐黑潮鐵道中村站❺20分。
或搭計程車10分、約1200日圓

　1988(昭和63)年開園,是全球第一座蜻蜓保護區。可以觀賞到在廣達8.7公頃的園區內自由飛翔的蜻蜓。四萬十川學遊館(9:00～17:00／週一休,逢假日則翌日休;春假、暑假為無休／880日圓)裡,展示著約1000種3000件蜻蜓標本及棲息在四萬十川的魚類。

📞 0880-37-4110　📍四万十市具同8055-5
🕐 入園不限　🅿️80輛

安並水車之里
やすなみすいしゃのさと

地圖p.116-A
土佐黑潮鐵道中村站❺20分。
或搭計程車10分、約1200日圓

　田園風光裡轉動的水車,原是山內家的重臣野中兼山為了將水送上高地的水田所造,現在則設置了大大小小共18座水車。加以整頓之後變成了公園,可以好好遊逛一番。

📍 高知市四万十市安並　🅿️10輛

POINT
鴨隊長導覽／沿國道439號北上,過了橋後第一個紅綠燈左轉,便可以看見水渠旁的眾多水車。

佐田沉下橋
さだのちんかばし

地圖p.116-B
土佐黑潮鐵道中村站搭計程車20分、約2300日圓

在四萬十川上的47座沉下橋裡最下游的一座橋。1971（昭和46）年完工之後，就一直是連接佐田地區與今成地區之間的重要生活道路。沉下橋在河川暴漲時會被淹沒在水下，為了降低水流阻力而未設置欄杆為其特色。這是降雨量多的地方特有的設計，已成為了四萬十川的風情畫之一。渡河時可以觀賞到四周的明媚風光，如河岸春季盛開的油菜花、四季各異的河魚捕撈作業光景，以及經過橋附近的觀光遊覽船等。

📍 中村市佐田　Ｐ50輛

中村

美食&購物

河魚料理

四万十屋
しまんとや

地圖p.116-B
土佐黑潮鐵道中村站搭往足摺岬的🚌巴士15分，♀甲ヶ峰下車🚶即到

從這家餐廳2樓的露天座可以一覽捕魚等四萬十川特有的風光。可以在此享用以炭火精心烤製的白燒、以特製醬汁蒲燒的鰻魚等四萬十川代表性特產料理，還有口感軟嫩的石蓴天婦羅610日圓、雞蛋與鰕虎魚極搭的醬油風味鰕虎魚丼830日圓等。

♪ 0880-36-2828
📍 四万十市山路2494-1
🕐 10:00～16:00
休 無休（除夕、元旦休）
💰 四萬十川綜合定食4580日圓
Ｐ 50輛

和菓子

右城松風堂
うしろしょうふうどう

地圖p.116-A
土佐黑潮鐵道中村站🚶10分

備有各種四萬十川相關的和菓子。做成香魚外觀的香魚最中自創業以來就很受歡迎，分為使用紅豆餡的大香魚260日圓，以及加了青河苔的白餡小香魚120日圓這2種。

♪ 0880-34-6161
📍 四万十市中村小姓町5
🕐 8:00～18:30
休 無休
Ｐ 2輛

住宿指南

中村第一飯店	♪0880-34-7211／地圖：p.116-A／Ⓢ8500日圓～ ●位於中村站前。可以在餐廳享用四萬十料理。
新皇家飯店四萬十	♪0880-35-1000／地圖：p.116-A／Ⓢ6400日圓～（附早餐） ●位於市中心。
中村王子大飯店	♪0880-35-5551／地圖：p.116-A／Ⓢ5700日圓～ ●位於四萬十川附近。離鬧區很近，觀光或商務出差都很方便。

到河中沙洲
欣賞風景

四萬十川
徐緩
泛舟行

想要好好觀賞未經人工雕琢的大自然、日本最後的清流四萬十川，首選就是泛舟遊覽船。坐在船內座墊上悠閒遊覽的屋形船，以及留有往昔風情的掛帆船都各有風情。

在後方搖著槳的「手搖船」船夫正發揮相當於引擎的功能。風力弱的日子會很辛苦。到了淺灘時更要使出全身力量

最靠近河口的佐田沉下橋，橋長291.6公尺

佐田
沉下橋

這一帶流速稍快，是「淺灘」所在

春季到秋季之間，可以聽到山間傳來的黃鶯叫聲

折返時視風向，船夫可能在沙洲上收起白帆。可以欣賞船夫一下子就將大大船帆收起來的好功夫

POINT

四萬十川的主要遊覽船、屋形船

四萬十之碧
しまんとのあお

穿過三里沉下橋的屋形船。船行之間景觀寧靜優美，黃昏時分的風景更是絕美。

地圖p.116-B
☎0880-38-2000
中村站搭計程車25分。遊覽需時約60分，1天8班
¥2000日圓

なっとく

周遊高瀨沉下橋的屋形船。乘船處看往沉下橋的四季美景令人驚豔。

地圖p.116-B
☎0880-38-2918
中村站搭計程車20分。遊覽需時約50分，1天9班
¥2200日圓

附近是香魚的產卵地點，到了秋天就可以在舟母船上看到香魚群游的景象

POINT

舟母浪漫 松廣屋

明治到昭和30年代之間，承擔四萬十川水運重任的舟母船。由於陸運的發達，其使命曾一度宣告終結，但2000年時復活以作為觀光用途，再度受到矚目。由乘船處到上游的佐田沉下橋之間悠閒地周遊。還可以使用船夫的手搖槳體驗一下划船的滋味，或參加打磨蛇紋石的活動。

地圖p.116・B／☎0880－34－8911／前往乘船處需從中村站搭計程車15分，或🚲30分／定期班次為9:15發船～16:15發船（需時約50分、1天8班，3月下旬～11月營運，除此之外僅接受預約。可能因為天候、河川狀況不佳而停航）／￥2500日圓※包船需預約

張起白色風帆，悠然地順流而下的舟母船。過去路少，也沒有像樣公路時代的四萬十川流域，舟母船在載運生活物資和人員上發揮了極大的功能。是當地居民不可或缺的交通工具

在可看遍四方的中游，化身為歷史專家的船夫

河流與道路平行，許多人騎自行車享受四萬十川的風光

河口

乘船處一帶離河口約12公里，河流幾乎沒有高低差距，水流平緩

四萬十川泛舟

start

乘船處

負責舟母船營運的船夫有「舵手」和「撐竿手」2人。在前方掌竿調整方向的船夫背負著決定船隻行進方向的重要任務

第一次搭乘卻有種懷舊之感的掛帆船「舟母」發船了，划向像鏡子般平滑的河面。後方吹來的海風有著微微的海潮氣息

最後的清流　親身去接觸！

四萬十川的大自然

因為潔淨的水和珍貴的生態系，被稱為日本最後清流的四萬十川。
前去因觀賞而治癒、因接觸而啟發、因了解而驚訝的清流探險吧。
積極地體會水的流動令人愉快。

あきついお（四萬十川學遊館）

觀察河邊的生物

　　位於蜻蜓自然公園內的環境學習型文化設施。可以在接近自然的狀態下，觀察棲息在四萬十川流域的日本尖吻鱸、香魚等魚類和水草等的生態。也有珍奇蜻蜓、昆蟲和水鳥等的展示。

學遊館所在的蜻蜓自然公園以豐富的自然環境聞名。
可以親身感受四萬十的大自然

地圖p.116-A　☎0880-37-4110　土佐黑潮鐵道中村站到蜻蜓自然公園🚶20分，或搭計程車10分、約1200日圓　🕘9:00～17:00　🈺週一（逢假日則翌日休）　💴880日圓

蜻蜓自然公園裡的蜻蜓已確認的有77種。蜻蜓館是學習蜻蜓生態的最佳設施

觀賞罕見淡水魚和古代魚的良機。也可以觀賞工作人員的飼育模樣，頗受兒童歡迎

蜻蜓館

　　位於世界第一個蜻蜓保護區的蜻蜓自然公園裡，收藏了如88種四萬十水系蜻蜓及全球蜻蜓等約1000種、3000件標本，並展示約200種日本產全物種。

魚兒館

　　從大大小小約100座水槽、源流到半鹹水域的魚都能觀察到的水槽展示室，到有異鱗悠游的水邊親水區、古老的巨骨舌魚水槽等都有。有大約300種、1000隻魚類。

申請體驗學習，就可以借到捕蟲網等道具來採集昆蟲（僅限學校相關單位）。

觀光列車 四萬十小火車

感受四萬十涼風的小火車之旅

　　JR予土線（四萬十綠線）的宇和島站～窪川站之間，有「四萬十小火車」在行駛。小火車會經過四萬十川及其支流沿岸，可以觀賞到沉下橋等四萬十獨特的風景。營運以春假、黃金週、暑假、秋季的週六日、假日為主，1天往返1班。小火車的搭乘區間，上行在宇和島站～土佐大正站之間；下行在窪川站～江川崎站之間。由於只能乘座40人，儘早在JR的綠色窗口等處預約為佳。行駛日可能會變更，務必洽詢。

由貨車改造，沒有玻璃窗的車廂

地圖p.167-H　♪0570-00-4592（JR四國電話服務中心）　❸乘車區間的普通車資+小火車的對號座券530日圓

りんりんサイクル

在河堤上自在地騎車

騎著租賃自行車感受河風

　　四萬十川周邊的遊逛以租自行車最方便，可以觀賞到數個沉下橋的河邊道路最為適合。大約4小時就可以騎完從JR江川崎站到土佐黑潮鐵道中村站的40公里路程。欣賞田園風光，騎在徐緩下坡道的國道上是最佳選擇。

　　越野車可以在JR江川崎站、四万十・川の駅カヌー館、四万十楽舍、露營場「かわらっこ」、四萬十市觀光協會、よって西土佐公路休息站、四萬十新皇家酒店這7處租借（地圖僅標示出4處）。各站點公休日有所差異，需確認），自選歸還的地點。

地圖p.167-K、p.116-A
♪0880-52-2121（四万十・川の駅カヌー館）
◐8:30～17:00　❻無休
❸1天(8:30～17:00)1500日圓、24小時2000日圓

四万十・川の駅カヌー館

初次也能上手的獨木舟體驗

　　能夠親身感受四萬十水流而大受歡迎的獨木舟體驗。所有課程都適合新手參加，提供可以輕鬆體驗的半日課程（8:30～9:30報名）與1日課程（8:30～9:00報名）。1日課程為從江川崎泛舟約8公里到岩間沉下橋，半日課程則是將該行程減半成4公里。所有用具都可以租借，還有專人細心指導，可以放心嘗試。需預約。附近有設施完備的露營場。

有半天就可以操作自如了

地圖p.167-H　♪0880-52-2121　中村站搭土佐黑潮鐵道中村-宿毛站57分，在若井站轉乘JR予土線44分的JR江川崎站△15分，或▲5分
◐8:30～17:00　❻無休　❸半日課程6000日圓、1日課程9000日圓

足摺岬

區域的魅力度

自然景觀
★★★★★
伴手禮
★★★
溫泉
有

標準遊逛時間：2小時
天狗之鼻展望台～足摺
岬燈塔～自然步道～白
山洞門

觀光詢問處

土佐清水市觀光商工課
☎0880-82-1212
土佐清水市觀光協會
☎0880-82-3155
土佐清水市旅館工會
☎0880-88-0472

交通詢問處

路線巴士
高知西南交通
清水巴士中心
☎0880-82-0400

計程車
足摺交通包租計程車
☎0880-82-1400

湛藍的太平洋閃閃發光
四國最南端的海岬

位於足摺半島、四國最南端的海岬。海岬前端的白色燈塔矗立在懸崖峭壁上，三方環繞的雄偉太平洋盡收眼底。海岬周邊有許多觀光名勝，如亞熱帶植物繁茂的自然步道、名剎、溫泉等。

HINT

前往足摺岬的方法

從土佐黑潮鐵道中村站（p.114）搭乘高知西南交通巴士，需時1小時40～52分、1900日圓。若要前往足摺溫泉鄉，在♀足摺岬センター下車；若要前往足摺岬，在終點站下車。搭配龍串、見殘一起遊逛的觀光計程車，從中村出發搭中型車約22400日圓。

HINT

遊覽順序的小提示

足摺岬和金剛福寺等景點都集中在♀足摺岬。以此為起點，往♀足摺岬センター方向走全是下坡路，遊逛效率較佳。始自約翰萬次郎像所在地足摺岬園地的自然步道，是條可以感受到壯闊高知風情的步道。途經足摺岬燈塔，欣賞著海景並沿著坡度有些陡的步道走，可以到達白山洞門。此外，足摺溫泉鄉大部分的旅館都會提供到♀足摺岬或♀足摺岬センター的接送服務。

日本山茶花的隧道

觀賞&遊逛

金剛福寺
こんごうふくじ

地圖p.123
♀足摺岬〓即到

　四國靈場第38號札所，建於足摺岬的名剎。由弘法大師創建，也是嵯峨天皇下令建造的鎮護寺院（敕願所），曾繁榮一時。正尊為據說是大師親手雕刻的三面千手觀音像。在仁王門、本堂、大師堂、20公尺高的多寶塔等文化財林立的廣大境內，以烏岡櫟為首的南國代表性植物繁盛。

☎ 0880-88-0038
♀ 土佐清水市足摺岬214-1
🕐 7：00～17：00　💰 免費參觀　🅿 40輛

足摺岬燈塔
あしずりみさきとうだい

地圖p.123
♀足摺岬〓7分

　眼下是湛藍的太平洋，背景是極美藍天的白色燈塔是足摺岬的象徵。高18公尺的燈塔聳立在80公尺高的懸崖峭壁上，大海和藍天形成了絕美的對比。光達距離38公里、光度200萬燭光，是日本最大型的燈塔。可以步行至燈塔旁。

POINT
鴨隊長導覽／有一條由足摺岬園地東西向展開的步道。向東約3分鐘的天狗之鼻展望台上，太平洋與足摺岬燈塔一覽無遺。朝西而行的話，則除了白山洞門等景點之外，還有弘法大師傳說留傳的足摺七大不可思議等景點。

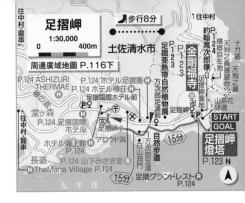

足摺岬
1:30,000
0　　　400m
土佐清水市
周邊廣域地圖 P.116下
P.124 ASHIZURI
THERMAE P.124 ホテル足摺園
堂ヶ森 P.124 ホテル椿荘
足摺国際ホテル前
P.124 足摺国際ホテル
ホテル海上館 P.124
アラウド浜
長碆 P.124 山下みさき堂
TheMana Village P.124
足摺グランドレスト P.124
足摺亜熱帯自然植物園
万次郎足湯
自然步道
金剛福寺 P.123
START GOAL
足摺岬燈塔 P.123
大平洋
N

♀ 土佐清水市足摺岬　🕐 外部參觀不限
🅿 50輛

足摺亜熱帯自然植物園
あしずりあねったいしぜんしょくぶつえん

地圖p.123
♀足摺岬〓3分

　在約1萬平方公里的腹地，有檳榔、蘇鐵、華麗榕等副熱帶植物群生的植物園。園內常保自然生態，但也設有觀光步道，散步約20分鐘即可盡情感受南國風情。包含蕨類、棣棠花、文殊蘭等植物在內，有大約500種植物生長其中。

☎ 0880-88-0004(足摺岬區長場)
♀ 土佐清水市足摺岬足摺山1349
🕐 日出～日落　🈚 無休
💰 免費入園　🅿 50輛

123

美食&購物

鄉土料理

足摺グランドレスト
あしずりぐらんどれすと

地圖p.123
足摺岬🚶即到

備有各種輕食和定食。推薦菜色為將鰹魚、鰤魚及竹筴魚等時令鮮魚厚切盛盤的生魚片800日圓、生魚片定食1600日圓。鰹魚半敲燒800日圓有5種配料和本地獨特的偏甜醬料，因其美味而備受好評。

龜地瓜酥

山下みさき堂
やましたみさきどう

地圖p.123
📍足摺岬センター🚶5分

獨特的輕爽甜味餘韻無窮的著名龜地瓜酥，是將切成骰子狀炸得香酥的地瓜，用麥芽糖和砂糖固型的地瓜酥，因為看起來像是龜殼而得名。袋裝180g380日圓，一口大小容易入口。

足摺煎餅18片口感酥脆且滋味溫和懷舊，也很受歡迎。雞蛋和蜂蜜帶有淡淡的甜味，令人喜愛。

TEKU TEKU COLUMN

幕末的國際人士約翰萬次郎
地圖p.112、p.123

足摺岬的瞭望台入口有座面海的銅像，正是約翰萬次郎（本名中濱萬次郎）。幕末時他隨漁夫出海時遭遇海難，後來得到美國船隻救助，在美國生活一段時間。歸國後擔任翻譯而聞名一時，也對坂本龍馬帶來了影響。在其出生地中濱有座經過復原的宅邸，土佐清水市郊外的海的駅あしずり附設有約翰萬次郎資料館，不妨前往參觀。

☎ 0880-88-0326
📍 土佐清水市足摺岬214-13
🕐 8:30～16:00
🏠 週一（逢假日則翌日休）
💴 午餐1000日圓～
🅿 30輛

☎ 0880-88-0748
📍 土佐清水市足摺岬440
🕐 8:00～17:00
🏠 不定休
🅿 2輛

住宿指南

ASHIZURI THERMAE	☎0880-88-0301／地圖：p.123／1泊2食22900日圓～ ●有露天浴池、三溫暖。設有免費按摩椅的圖書館也很受歡迎。
足摺国際ホテル	☎0880-88-0201／地圖：p.123／1泊2食14000日圓～ ●館內各處都看得到岬角美景。有露天浴池。
ホテル足摺園	☎0880-88-0206／地圖：p.123／1泊2食8790日圓～ ●從頂樓的瞭望露天浴池可以俯瞰太平洋。
ホテル海上館	☎0880-88-0503／地圖：p.123／1泊2食9900日圓～ ●客房皆為海景房，這裡還會提供少見的房內用餐服務。
ホテル椿荘	☎0880-88-0226／地圖：p.123／1泊2食10950日圓～ ●能遠眺太平洋。可品嘗皿鉢料理。鰹魚半敲燒等新鮮生魚片很美味。
TheMana Village	☎0880-88-1111／地圖：p.123／1泊2食16693日圓～ ●從露天浴池可以一覽太平洋的壯麗美景。

龍串・見殘

海岸是接連不斷的奇岩
神祕海中有著熱帶魚的樂園

　　足摺宇和海國家公園內數一數二的風景勝地。奇岩勝景不斷的龍串海岸和見殘，可以欣賞到大自然打造的造形之美。此外，板葉雀屏珊瑚群生、五彩熱帶魚悠游其中的龍串海中公園，是日本最早被指定的海中公園。

 HINT

前往龍串、見殘的方法

　　從中村站搭往足摺岬的高知西南交通巴士。需時1小時、1400日圓的♀清水プラザパル前，轉乘往宿毛站的高知西南交通巴士40分、800日圓，♀竜串下車。觀光計程車從中村站出發，遊逛龍串、見殘和足摺岬的6小時行程搭中型車為22400日圓。

 HINT

遊覽順序的小提示

　　主要景點都在國道321號線（俗稱Sunny Road）沿途，可以沿著國道步行遊逛。主要景點行走觀光步道也可以到達。♀竜串起有越過龍串海岸往足摺海底館方向的觀光步道，途中有岩石地，需穿著好走的鞋。

　　經由陸路無法抵達見殘，需搭乘由兩家公司營運的龍串玻璃船前往，有兩個乘船處。

區域的魅力度

自然散步
★★★★
美食
★
伴手禮
★

標準遊逛時間：3小時
龍串海岸～見殘～足摺海底館

觀光詢問處

龍串觀光振興會
♪0880-85-0137
土佐清水市觀光商工課
♪0880-82-1212
龍串觀光服務處
♪0880-85-0405

交通詢問處

路線巴士
高知西南交通
清水巴士中心
♪0880-82-0400

計程車
足摺交通包租計程車
♪0880-82-1400

龍串玻璃船
龍串觀光汽船
♪0880-85-0037
8:00～17:00、30分1班
（12月～2月為～16:30）
／無休／1560日圓
龍串海中觀光
♪0880-85-1155
8:30～16:00、40～50分
1班／不定休／1560日圓

觀賞&遊逛

龍串海岸
たつくしかいがん

地圖p.126

♀竜串🚶3分至海岸入口，遊逛
觀光步道🚶約30分

像是伏在地上的龍形海邊小山被管狀岩石刺著一般，這便是地名的由來。第三紀層的奇岩在海浪和海風侵蝕之下，形成的景觀雄偉無比。走在觀光步道上，大竹小竹、千隻青蛙、龍門瀑布等無數自然美景就在眼前。

📍 土佐清水市竜串19-10

高知縣立足摺海洋館SATOUMI
こうちけんりつあしずりかいようかんさとうみ

地圖p.126

♀竜串🚶8分

飼養展示著約200種、3000隻海洋生物，以高6公尺、直徑9公尺的海水大水槽最壯觀。能就近觀賞石斑魚類和笛鯛等迴遊魚及海洋生物。

📞0880-85-0635
📍 土佐清水市三崎4032
🕘9:00～17:00
❌無休(12月第3週四休)
💴1200日圓　🅿50輛

足摺海底館
あしずりかいていかん

地圖p.126

♀海底館前🚶8分

由海上及海中觀賞龍串海中公園的設施，走過通道進入延伸至海上的紅色建築物後，便是海上展望台。由螺旋狀階梯向下走，可以進入水深7公尺處的海中展望室，從小窗觀賞海中。

📞0880-85-0201　📍 土佐清水市三崎4032
🕘8:30～17:00(9月～3月為9:00～)
❌無休　💴900日圓　🅿250輛

見殘
みのこし

地圖p.126

由龍串的兩個乘船處(地圖p.126)搭乘龍串玻璃船15分可至見殘的碼頭

據說因為地形複雜難行，連弘法大師都無法走遍的險地。歷經長年海蝕、風蝕形成的天然雕刻可謂鬼斧神工。觀光步道沿途，有人魚御殿、屏風岩、愛情岩等奇形怪狀的岩石。需時約50分。像是波痕直接成為化石的化石漣痕為國家天然紀念物。

📍 土佐清水市竜串

徳島

高松

大歩危

德島

位於眉山腳下的水都
是阿波舞的城市

　　德島市的鬧區集中在流經市中心的新町川兩岸，河畔的水際公園設施完善，可以在欣賞德島地標眉山的同時愉快地遊逛。阿波舞是個極受歡迎的觀眾參加型祭典。

前往德島的方法

　　最近的機場是德島機場。除了右圖之外，從福岡也有1天2班的航班。若搭乘火車，先搭新幹線到岡山，接著轉乘快速Marine Liner到高松站，再轉乘特急「渦潮」號。

　　若搭乘高速巴士，從關西方向前來以行經淡路島的班次較方便。除了右圖之外，還有從京都（1天9班、單程4300日圓）、神戶三宮（1天17班、單程3400日圓）、高速舞子（1天17班、單程3100日圓～）等出發的班車。從東京方向前來也可以先搭火車到京都、神戶、舞子等地再轉乘高速巴士，可能會相對便宜且快速。

　　若搭乘渡輪，從東京發船的海洋東九渡輪（オーシャン東九フェリー）需時17小時50分～19小時20分、13610日圓（2022年3月的費用。費用會隨著油價浮動）。由東京港渡輪碼頭於19時30分（週日、假日為18時）發船，翌日的13時20分（週四為14時）抵達德島港。由和歌山港到德島港的南海渡輪需時2小時～2小時15分、2200日圓，1天9班。從德島港搭巴士到市區需時20分、210日圓。

觀光詢問處

德島市觀光課
☎088-621-5232
德島縣觀光協會
☎088-652-8777
德島市廣域觀光服務站
☎088-635-9002

交通詢問處

飛機（參考p.171）
德島機場綜合服務處
☎088-699-2831

JR
JR德島站
☎088-622-7935

高速巴士
（東京～德島）
京急高速巴士訂位中心
☎03-3743-0022
（大阪～德島）
阪急巴士預約中心
☎0570-089-006
南海高速巴士中心
☎06-6643-1007
（松山～德島）
伊予鐵道
☎089-948-3100
（高知～德島）
土佐電交通高速巴士
☎088-884-5666

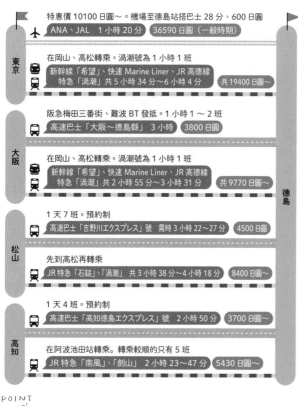

（高松～德島）
JR四國巴士
（德島預約中心）
☎088-602-1090

渡輪
（和歌山～德島）
南海渡輪德島營業所
☎088-636-0750
（東京～德島～北九州）
海洋東九渡輪
☎0570-055-048

路線巴士
德島巴士
☎088-622-1811
德島市營巴士（交通局）
☎088-623-2154

計程車
德島計程車協會
☎088-641-4116

阿波舞期間的住宿如何安排？

參加春天起販賣的旅行社住宿專案是最可靠的方法。幾乎所有飯店的房間都被團體客訂光了，散客的住宿預約比較難處理。各家飯店開放的時間各異，不過有些飯店早在年初就會開放電話預約。到了4月時，有些商務飯店還會有空房。

付費觀賞席的預約方法

預購是最務實的方法了。發售從7月初開始至預定日的前一天為止。在チケットぴあ、楽天チケット、ローソンチケット、網路等處皆有販售。分成對號座與自由座，當日券各另加200日圓。JR德島前的售票處及指定超商從上午10時開始發售。預約方式年年不同，詳情請洽德島市觀光課。

德
島

POINT

抵達後第一步的走法

　　觀光服務處在車站正面過了紅綠燈後右手邊的小小建築物裡。出租自行車在站前的地下自行車停車場租用（未滿5小時270日圓／☎088-652-6661／6:00～22:00）。投幣式寄物櫃在車站大樓地下1樓。

HINT

遊覽順序的小提示

　　由德島站前向南行，過新町橋後往阿波舞會館，這是最常見的遊逛行程。途中有新町川水際公園、東／西新町的商店街等，路途雖短但景點多。阿波舞會館裡還設有往眉山的空中纜車站，慢慢逛眉山山頂需時約30分。可以算好阿波舞的表演時間，順便前往眉山一遊。

　　餐飲店和鬧區在紺屋町シンボルロード周邊。想去阿波十郎兵衛屋敷觀賞人形淨瑠璃的話，由於表演場次不多，只有11時、14時各一場，應趁早搭市營巴士前往為佳。

觀賞&遊逛

德島中央公園
とくしまちゅうおうこうえん

地圖p.131-B
德島站🚶10分

在德島城原址上整建，以櫻花著名的公園。公園入口的鷲之門已修復完成，石牆和數寄屋橋也以原狀展示。園內有展示德島藩及其藩主蜂須賀家相關文化財的德島城博物館（300日圓）；隔壁的舊德島城表御殿庭園（50日圓）則是兼具枯山水和池泉迴遊式庭園的名園。

📍 德島市德島町城內1番外
🕐 入園不限　Ⓟ 205輛(1天1次310日圓)
德島城博物館／舊德島城表御殿庭園
♪ 088-656-2525　🕐 9:30～16:30
❌ 週一、假日的翌日、12月28日～1月2日

阿波舞會館
あわおどりかいかん

地圖p.131-A
德島站🚶10分

全年都會舉辦阿波舞的現場表演。白天的舞蹈是11時、14時、15時開演，表演時會教導來賓跳舞為其特色之一。晚上的舞蹈是20時開演，共50分鐘。館內的博物館（300日圓）內展示著樂器、服飾等。

♪ 088-611-1611　📍 德島市新町橋2-20
🕐 博物館為9:00～17:00
❌ 無休(可能臨時休館)
Ⓟ 26輛(1小時320日圓)

TEKU TEKU COLUMN

阿波舞（阿波おどり）
跳舞的呆子和看舞的呆子大集合！

阿波舞是約130萬人共襄盛舉的夏日祭典。德島市中心區成為舞蹈的舞台，雄壯的男舞和華麗的女舞搭配樂器編成的連（跳舞的群體）在街上跳舞前進。每年8月12日～15日舉行，時間是下午6時～10時30分。詢問請洽德島綜合觀光服務處♪088-622-8556。

●怎麼觀賞阿波舞？

主會場是設在德島市內大道上和廣場上的演舞場，全長約100公尺之間設有臨時看台。共7處的演舞場中，有4處是收費的演舞場（預約方式參考p.129），另3處則全部免費。

●怎麼臨時加入跳舞？

當天可以加入臨時連。臨時連是以觀光客為主的跳舞連，可以免費參加也不需預約，而且著裝自由；向有名連請教入門的舞步後就前往演舞場。期間內每天有2次臨時連，分別是晚上的6時30分～和8時30分～。集合場所是德島市役所市民廣場及元町舞蹈廣場。此外，在各地的跳舞廣場和街角廣場、演舞場之間的跳舞路上，都可以加入跳舞。

眉山

びざん

地圖p.131-A

阿波舞會館(p.130)5樓眉山山麓站搭🚠眉山空中纜車6分，眉山山頂站下車🚶即到

萬葉集中也曾經吟詠過、形似女性眉毛的優美山巒。從海拔290公尺的展望台、晴天時可以遠眺淡路島和紀伊半島。

📞眉山空中纜車為088-652-3617
📍德島市眉山町、佐古山町諏訪山
🕐4月〜10月為9:00〜21:00、11月〜3月為〜17:30、1月1日為6:00〜
🚫無休 💴來回1030日圓 🅿100輛

瓢簞島遊河

ひょうたんじまくるーず

地圖p.131-B

德島站搭🚃10分的兩國橋北端發抵

可以在導遊信手拈來的介紹下、搭船遊覽被流經市中心的新町川和助任川包夾的「瓢簞島」（葫蘆島）。報名自啟航的1小時前開放受理。需時約30分。

📞090-3783-2084(守護新町川會)
📍德島市新町川新町川水際公園ボートハウス
🕐11:00〜15:40(7月〜8月為〜19:40)每40分1班
🚫不定休 💴300日圓 🅿無

德島縣立阿波十郎兵衛屋敷

とくしまけんりつあわじゅうろうべえやしき

地圖p.168-F

德島站搭🚌德島市營巴士川內循環巴士約25分、
🚏十郎兵衛屋敷下車🚶即到

德島是日本全國屈指可數的人形淨瑠璃之地。除了展示木偶、服飾等資料以外、阿波人

形淨瑠璃「傾城阿波鳴門 順禮歌之段」在每天11時、14時（8/11〜16為10時、11時半、13時半、15時共4場）上演。

📞088-665-2202 📍德島市川內宮島本浦184 🕐9:30〜17:00(7、8月為〜18:00) 🚫12/31〜1/3 💴410日圓 🅿60輛

黑系、白系、黃系，特色各異！

德島拉麵

現在已成為全日本著名的當地美食——德島拉麵。從墨黑色湯頭加上豬五花肉的黑系，到古早味白系中華麵，都值得好好品嘗。

黑系

↑中華麵加肉中碗／700日圓＋高碘蛋／50日圓

中華そばいのたに本店

黑系最具代表性的名店。在由海鮮和蔬菜熬出來的濃郁豬骨醬油湯頭裡加入極細麵，搭配煮至鹹鹹甜甜的豬五花肉十分對味。配料裡的生雞蛋是高碘蛋。

地圖p.131-A
德島站🚶15分
☎088-653-1482
📍德島市西大工町4-25
🕙10:30～17:00（售完打烊）
❹週一（逢假日則翌日休）
🅿35輛

黑系

↑支那麵加肉（小）／750日圓＋蛋／100日圓

TEKU TEKU COLUMN

**湯頭各具特色！
德島拉麵的種類**

■黑系（褐系）…雞骨豬骨高湯裡加入醬油醬汁，帶有偏黑或深褐色的湯頭。味道比視覺上溫潤許多。
■黃系…雞骨豬骨高湯裡加入淡醬油的醬汁。顏色是清澄的黃色或淺褐色。
■白系…豬骨高湯的白色湯頭。以人稱德島拉麵發源地小松島地方居多。

支那そば 王王軒
（わんわんけん）

信條是「做出小孩吃都感到美味的中華麵」。德島拉麵裡算是淺色的褐色湯頭，是沒有醬油味的圓融味道。

地圖p.168-E
德島站搭往鍛冶屋原車庫的德島巴士18分，📍名田橋北下車即到／☎088-693-0393／
📍板野郡藍住町德命牛／瀨446-15／🕙11:00～20:00（售完打烊）／❹週四／🅿20輛

巽屋
<small>たつみや</small>

黑系湯頭的人氣店。看起來是偏濃的湯頭，但味道卻清爽美味。除了五花之外，也有提供叉燒。

地圖p.168-F／德島站搭往德島商業高校的德島市營巴士10分，♀西張北下車🚶即到／📞088-653-3839／📍德島市住吉5-68-1／🕐10:30～20:15LO／😴週三（逢假日則翌日休）／🅿30輛

黑系

↑支那麵加肉加蛋／800日圓

ラーメン 東大 大道本店
<small>とうだい おおみちほんてん</small>

鬧區裡營業到深夜的人氣名店。是免費加生雞蛋的發源店，搭配濃郁湯頭的生雞蛋竟然不用錢呢。

地圖p.131-B／阿波富田站🚶10分／📞088-655-3775／📍德島市大道1-36／🕐11:00～翌4:00（售完打烊）／😴無休／🅿5輛

黑系

↑普通加肉／850日圓

岡本中華
<small>おかもとちゅうか</small>

小松島系的代表性老店。雞骨豬骨高湯加上祕傳醬汁做成的乳白色湯頭，雖然有著濃郁的味道，尾韻卻十分清爽。阿波豬的手工叉燒也十分聞名。

地圖p.169-I／中田站🚶15分／📞0885-32-0653／📍小松島市中田町奧林60-1／🕐11:00～18:00（售完打烊）／😴週四（逢假日則營業）、第3週三／🅿20輛

白系

←中華麵加肉（小）／750日圓＋蛋／50日圓

支那そば 三八 田宮店
<small>さんぱ たみやてん</small>

位於鳴門的黃系代表性老店。豬骨高湯搭配淡醬油的湯頭略鹹。配料是入口即化的美味叉燒。

地圖p.168-F／德島站搭德島市營巴士中央循環線10分，♀東田宮下車🚶3分／📞088-633-8938／📍德島市北田宮2-467／🕐10:30～15:00、17:00～20:00（售完打烊）／😴週二（每月1次週一不定休）／🅿21輛

黃系

↑支那麵加肉小碗／870日圓

133

美食

鳥巢亭
とすて

地圖p.131-B
德島站🚶7分

能夠奢侈地大啖當地阿波尾雞的雞肉料理專賣店。老闆是創業超過35年的老手。撒上鳴門產粗鹽烤得焦脆的烤雞腿1100日圓，香酥的雞皮很吸引人。將汆燙過的雞肉沾上芥末醬油來食用的芥末雞肉605日圓，可享用其嚼勁十足的口感。午餐則有親子丼660日圓、烤雞丼660日圓等。

☎ 088-652-1773
📍 德島市両国本町2-18
🕐 11:30〜13:30、
　 17:00〜22:00
休 週日
💰 午餐600日圓〜
　 晚餐2000日圓〜
Ｐ 15輛

居酒屋とくさん
いざかやとくさん

地圖p.131-B
德島站🚶3分

獲選為德島品牌土雞「阿波尾雞」指定餐廳的招牌雞料理，以及從當地德島漁港採購的鮮美活魚料理都很受歡迎，備受當地人喜愛的居酒屋。可享用褐石斑魚炙燒生魚片、阿波尾雞烤雞腿等料理。將醋漬刺鯧放在加了酢橘的醋飯上的押壽司「姿壽司」也很熱門。平日也有供應午餐，如生魚片定食、炸土雞定食等。

☎ 088-654-1930
📍 德島市寺島本町西1-42
🕐 17:00〜23:00
休 週日
💰 晚餐1500日圓〜
Ｐ 附近有

とっ喝
ととかつ

地圖p.131-B
德島站🚶15分

位於紺屋町通上阿波舞機關鐘前的鄉土料理餐廳，店主人只使用精選過的德島本地食材。

將菜蟳和肉魚、星鰻等近海捕的當令食材，以品嘗原味的清淡調理方式上菜。著名的鯛魚飯2碗米3300日圓〜是用上一整隻野生鳴門鯛魚蒸成，美味濃縮在一粒粒米飯裡。全餐料理11道菜5500日圓〜均附鯛魚飯。鯛魚還提供以酒蒸或紅燒魚頭的方式享用。

☎ 088-625-0110
📍 德島市紺屋町13-1
🕐 17:00〜23:00(22:30LO)
休 週日
💰 全餐5500日圓〜
Ｐ 附近有

購物

あいぐら

地圖p.131-A
德島站🚶7分

以藍染小物為主，販售各種德島的工藝品。藍染的顏色會隨著使用而變深，風格也越沉穩而獨到。藍染手巾1100日圓〜、藍染口罩550日圓〜。也有販售大谷燒、阿波和紙、當地吉祥物酢橘君的相關商品等物。

的和三盆糖（粉）100g 378日圓～、綜合乾菓子648日圓～人氣也高，霰糖（袋裝918日圓）富含蜂蜜而風味極佳。

📞 088-654-3864
📍 德島市西新町1-28
🕙 10:00～17:30 🈺 週六日、12/27～1/1 🅿 附近有

 德島站前／和三盆

岡田糖源鄉元町店
おかだとうげんきょうもとまちてん

地圖p.131-B
德島站🚶2分

阿波和三盆糖是有超過200年歷史的手工砂糖。以德島縣產名為竹糖的無農藥甘蔗為原料，用江戶時代相傳至今的古法製作。入口會像淡雪般溶化

📞 088-626-2200
📍 德島市元町1-5-1-1F
🕙 9:00～19:30
🈺 週二 🅿 附近有

 德島中央公園／和菓子

菓游 茜庵
かゆう あかねあん

地圖p.131-B
德島站🚶10分

茜庵至今以來不斷提供以德島食材製成、注重日本精神的和菓子，而其代表作即照片中的「淡柚」10個入1944日圓。溫潤的口感加上柚子餡淡淡的香氣與甜味在口中擴散開來，嘗起來高雅美味。可以在店內的茶席享用茶與菓子880日圓（香煎茶、當季創意和菓子、抹茶、柚子汁）。

📞 088-625-8866
📍 德島市德島町3-44
🕙 9:00～19:00
（茶席10:00～17:00）
🈺 不定休 🅿 5輛

住宿指南

德島克萊蒙特JR大飯店	📞088-656-3111／地圖：p.131-B／Ⓢ8200日圓～ ●直通德島站的18層樓都市型飯店。
Smile Hotel Tokushima	📞088-626-0889／地圖：p.131-B／Ⓢ5500日圓～ ●位於站前的綜合購物大樓一隅。
Grandvrio Hotel Tokushima	📞088-624-1111／地圖：p.168-F／Ⓢ附早餐9000日圓～ ●建於新町川水畔。市內夜景極美。
Hotel Astoria	📞088-653-6151／地圖：p.131-B／Ⓢ5800日圓～ ●離德島站很近。有著居家氛圍。可以免費借用自行車。
德島華盛頓酒店	📞088-653-7111／地圖：p.131-A／作為新冠肺炎的療養設施暫時休館 ●步行5分可至阿波舞會館。從客房眺望的夜景也很美。
德島燦路都大飯店	📞088-653-8111／地圖：p.131-B／Ⓢ6500日圓～ ●步行1分可至德島站，有地利之便。備有天然溫泉「眉山之湯」。

鳴門

區域的魅力度

自然景觀
★★★★★
美食
★★★
伴手禮
★★★

標準遊逛時間：3小時
大鳴門橋建橋紀念館
愛迪～德島縣立渦之
道～觀潮船

觀光詢問處

鳴門市觀光振興課
☎088-684-1157
鳴門市觀光資訊中心
☎088-686-0743

交通詢問處

JR
JR鳴門站
☎088-686-3744

高速巴士
（大阪・神戶～鳴門）
阪神巴士預約中心
☎06-6411-4111
南海高速巴士
☎06-6643-1007
阪急巴士預約中心
☎0570-089-006

路線巴士
德島巴士
☎088-622-1811

飛機
德島機場綜合服務處
☎088-699-2831

盡情觀賞
超級壯觀的大漩渦

　　發生在鳴門海峽的無數大小漩渦。可以自大鳴門橋上觀賞，或搭乘觀潮船觀賞。鳴門公園周邊有展望台，以及學習漩渦的資料館、享用海峽美味的餐廳、奇特的美術館和伴手禮店、度假飯店等。

HINT

前往鳴門的方法

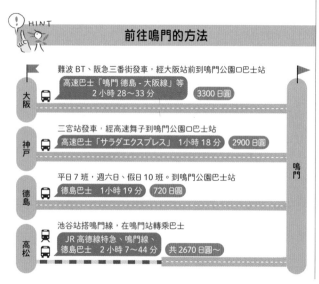

大阪	難波 BT、阪急三番街發車，經大阪站前到鳴門公園口巴士站 高速巴士「鳴門 德島 - 大阪線」等 2 小時 28～33 分	3300 日圓
神戶	二宮站發車，經高速舞子到鳴門公園口巴士站 高速巴士「サラダエクスプレス」 1小時 18 分	2900 日圓
德島	平日 7 班、週六日、假日 10 班。到鳴門公園巴士站 德島巴士 1 小時 19 分	720 日圓
高松	池谷站搭鳴門線，在鳴門站轉乘巴士 JR 高德線特急、鳴門線、德島巴士 2 小時 7～44 分	共 2670 日圓～

鳴門

遊覽順序的小提示

🚶 HINT

　　最近的公車站牌是🚏鳴門公園與🚏鳴門公園口。主要景點都集中在步行可至的鳴門公園一帶。抵達之後，先確認一下觀潮表的時間（ESCAHILL鳴門等各觀光設施都可取得），趁著有大漩渦時前往觀賞。

　　由鳴門公園前往觀潮船乘船處時，🚶7分可至龜浦漁港、🚶15分可至龜浦觀光港。🚏鳴門公園搭🚌巴士3分可至🚏龜浦觀光港。

渦之道觀光步道

觀賞&遊逛

鳴門公園
なるとこうえん

地圖p.138-右下
🚏鳴門公園🚶即到

　　可以看到整個鳴門海峽的公園。周邊都是松林，連結ESCAHILL鳴門、御茶屋展望台、大鳴門橋建橋紀念館愛迪、德島縣立渦之道等景點的觀光步道完備，沿途還有餐廳等觀光景點。其中尤以千疊敷展望台能夠將大鳴門橋和鳴門海峽盡收眼底，是最好的展望景點。

📍 鳴門市鳴門町土佐泊浦字福池65
🅿 200輛(1次410日圓)

ESCAHILL鳴門
えすかひるなると

地圖p.138-右下
🚏鳴門公園🚶3分

　　以全長68公尺、高低差距34公尺的長電扶梯聞名的綜合觀光設施。品味著超陡坡度的恐懼感，一口氣上到鳴門山山頂之後，最上層就是有著360度壯麗景觀的展望台，大鳴門橋、鳴門海峽、淡路島自不用說，連和歌山縣、香川縣小豆島等地都盡收眼底。1樓有商店販售當地的名產裙帶菜、鳴門金時的點心等，還有招牌餐點為金時地瓜霜淇淋的咖啡廳。

📞 088-687-0222
📍 鳴門市鳴門町土佐泊浦字福池65
🕐 8:00～17:00(冬季為9:00～)
🈳 無休(可能臨時休館)
💴 搭乘電扶梯400日圓　🅿 200輛(1次500日圓)

大鳴門橋建橋紀念館愛迪
おおなるときょうかきょうきねんかんえでぃ

地圖p.138-右下
🚏鳴門公園🚶4分

　　以大鳴門橋、鳴門海峽漩渦為主題的紀念館，2017年整修完成。以圖片和影

鳴門

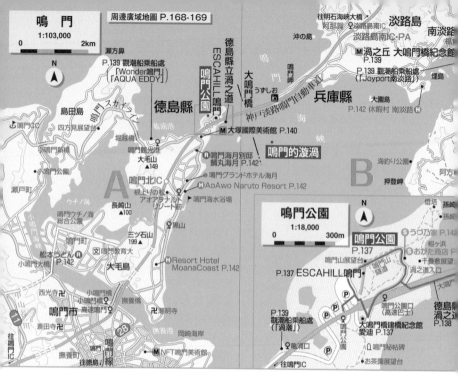

瀨方鼻

P.139 觀潮船乘船處
「Wonder鳴門」
「AQUA EDDY」

德島縣
鳴門スカイライン
島田島
鳴門IC
四方見展望台
小鳴門新橋
瀨戶町
小鳴門公園
鳴門北IC
根上りの松
アオアオナルト
リゾート前 鳴門海水浴場
長崎山▲100
鳴門町 黑山
鳴門ウチノ海
總合公園
三ツ石山
199▲
松本うどん R
P.142
小鳴門大橋
大毛島
小鳴門橋
高速橋前
鳴門市
斎田寺卍
西光寺卍
小鳴門橋
撫養港
往鳴門IC

德島縣立渦之道

鳴門公園 ESCAHILL鳴門
鳴門橋
大鳴門橋
うずしお
鳴門岬
沖の島

往明石海峽大橋
阿那賀 淡路島南IC
淡路島 南淡路
淡路島南IC·PA
渦之丘 大鳴門橋紀念館
P.139
P.139 觀潮船乘船處
(「Joyport南淡路」)
煙畑
兵庫縣 大園島
P.142 休暇村 南淡路 H

鳴門海峽
海釣り公園
押登岬
阿左

M 大塚國際美術館 P.140
R 鳴門海月別邸 鯛丸海月 P.142 鳴門的漩渦
鳴門グランドホテル海月
AoAwo Naruto Resort P.142
岡崎海岸

Resort Hotel
MoanaCoast P.142
潮明寺
渦潮海岸
NFT鳴門美術館
往德島/綠
往鳴門IC

鳴門公園 1:18,000
0 300m N

うつ万家 P.142
相ヶ浜
おかた商店 P
千疊敷展望台

鳴門公園
P.137
鳴門山展望台
P.137 ESCAHILL鳴門
P.139
觀潮船乘船處
(「渦之道」)
龜浦口
P 鳴門公園口(高速巴士)
大鳴門橋建橋紀念館
愛迪 P.137
鳴門秘帖碑
お茶園展望台

德島
縣立渦之道
P.138

P 鳴門公園

像介紹大鳴門橋的興建工程以及漩渦形成的原理。冒險模擬機「渦丸」（1次200日圓）是一座模擬遊戲設施，可以體驗搭上16人座潛艇在空中翱翔、潛入水中的冒險。座位還會配合影像擺動，讓人彷彿身歷其境。以釣魚遊戲來學習魚類生態系的「釣釣看吧鳴門的魚」、「渦潮劇場」等也很受歡迎。

- ☎ 088-687-1330
- 📍 鳴門市鳴門町土佐泊浦福池65
- 🕐 9:00～17:00
- ⊗ 無休
- ¥ 620日圓
  （搭配德島縣立渦之道的套票為900日圓）
- Ⓟ 200輛（1次500日圓）

德島縣立渦之道
とくしまけんりつうずのみち

地圖p.138-右下
♀鳴門公園🚶10分

　設置在大鳴門橋補強框內、全長450公尺的觀光步道。由窗戶可以眺望海峽的景色，地板上數處展望視窗則可以看到正下方的海峽；

45公尺下方的大漩渦真是壯觀無比。步道的盡頭設有眺望室，此處也可以由窗戶和地板觀賞鳴門海峽的景觀。入口附近的進入側設有提供觀光資訊的電腦。

- ☎ 088-683-6262
- 📍 鳴門市鳴門町土佐泊浦福池65
- 🕐 9:00～18:00(7～8月為～19:00)
- ⊗ 6、9、12、3月的第2週一
- ¥ 510日圓　Ⓟ 200輛（1次500日圓）

POINT 鴨隊長導覽／由大鳴門橋建橋紀念館愛迪行走觀光步道，在鑽過神戶淡路鳴門自動車道時，向上看就是鋼骨架出的大橋，極為壯觀。右手邊就是海。

觀潮船

かんちょうせん

地圖p.138-右下、A、B
鳴門站搭🚌德島巴士22分，🚏龜浦口及🚏鳴門觀光港
下車。鳴門公園🚶7分可至龜浦口、🚶15分可至鳴
門觀光港

可以就近觀賞鳴門海峽漩渦的觀光遊覽
船。渦潮汽船經營從龜浦漁港發船的小型高
速觀潮船「渦潮（うずしお）」號；鳴門觀光
汽船經營從鳴門觀光港發船的大型觀潮船
「Wonder鳴門（わんだーなると）」號以及水
中觀潮船「AQUA EDDY（アクアエディ）」
號（需預約），皆需時25～30分。可以極度
靠近大漩渦，從上方觀賞壯觀的鳴門漩渦。
「AQUA EDDY」設有在水下1公尺處的觀景
室，可以從水中觀賞漩渦的模樣。淡路島的
福良港也有Joyport南淡路經營的觀潮遊覽船
「咸臨丸」號。

渦潮汽船
📞 088-687-0613　📍 鳴門市鳴門町土佐泊浦福地
65-63　🕐 8:30～16:30每30分1班　💰 1600日
圓　🅿 45輛
鳴門觀光汽船
📞 088-687-0101　📍 鳴門市鳴門町土佐泊浦大毛
264-1　🕐 9:00～16:20隨時開船　💰「Wonder
鳴門」1800日圓、「AQUA EDDY」2400日圓
Joyport南淡路
📞 0799-52-0054　📍 南あわじ市福良甲152-4
🕐 9:30～16:10有6班　💰 2500日圓　🅿 300輛

渦之丘 大鳴門橋紀念館

うずのおか おおなるときょうきねんかん

地圖p.138-B
🚏鳴門公園搭🚌德島巴士12分，🚏黑山轉乘往洲本高
速BC、津名港的🚌淡路交通巴士淡路德島線10分，
🚏淡路島南IC下車🚶15分

位於淡路島最南端，蓋在山丘上的複合設
施。渦潮科學館內有直徑2.5公尺的巨大球體
及大型水理模型，還有400英吋的壁面螢幕演
繹出魄力十足的奇幻空間，能夠充分體驗漩渦
的神祕與不可思議之處。

📞 0799-52-2888
📍 南あわじ市福良丙936-3
🕐 10:00～16:00
❌ 無休
💰 渦潮科學館500日圓
🅿 150輛

鳴門

劇烈捲動的潮水氣勢驚人

集世界名畫於一堂！

大塚國際美術館的遊賞方式

從古代壁畫到現代繪畫，將全球25國美術館典藏的西洋名畫以陶板仿照原尺寸重現，可謂全世界獨一無二的陶板名畫美術館。從地下3樓越往上走年代就越近，猶見證了西洋美術的演變史。

參加展覽室座談

　　擁有全日本最大規模展示空間的大塚國際美術館。從地下3樓到地上2樓、長達約4公里的範圍內，展示著超過1000件陶板名畫。要走遍這座廣大的美術館，最好的方法就是活用展覽室座談和義工導覽。可以找找自己喜歡的時代和主題，好好欣賞名畫。

地圖p.138-A／♀大塚国際美術館前下車即到／☎088-687-3737／♀鳴門市鳴門町土佐泊浦字福池65-1／◷9:30～17:00（入館為～16：00）／休週一（逢假日則翌日休）、其他可能特別休館／¥3300日圓～／🅿340輛　http://www.o-museum.or.jp

↑重現空間的環境展示極為壯觀。「西斯汀禮拜堂」裡完整重現了米開朗基羅的穹頂畫

↑建於鳴門公園內山中的美術館。圖為地下2樓的戶外展示品莫內的「大睡蓮」

愉快地感受繪畫的魅力　定時導覽

　　每天都會舉辦定時導覽。除了包含中場休息共約2小時，從古代、中世紀一路逛到文藝復興、巴洛克時期的兩個樓層行程（9:40、10:00、10:30、13:00共4場）之外，還有約1小時參觀館內前十名熱門作品的行程（11:00、13:30共2場），以及週二、三、四才有的近現代行程（13:15）等。可以配合時程前往參觀。

集合場所／地下3樓西斯汀禮拜堂內
（近現代行程在地下1樓哥雅展覽室前）

語音導覽

能夠轉換成日、英、中、韓四國語言的可攜式耳機導覽。可以聽到六個時代的解說與近100件作品的介紹，不一定要在畫作前面才能使用，在任何地方都能聆聽喜愛作品的導覽。1臺500日圓。

租借場所／地下3樓美術館商店

HINT

愜意的遊覽行程

坐著欣賞即可，不必長時間走路

　輪椅使用者或是需要拄拐杖的人及其家屬、同行者，都能夠安心愉快地欣賞的行程。會介紹《西斯汀禮拜堂》、《最後的晚餐》等6件作品。

每週五、六／⏰12:30〜（需時約60分）／名額15名（可事先預約）／💰免費參加

↑因為戰亂而被燒毀的梵谷名作《向日葵》。坐下來輕鬆欣賞吧

「膽小別看畫」遊覽行程

西洋名畫背後可怕的祕密

　遊覽蔚為話題的美術隨筆之作《膽小別看畫》（中野京子著）裡出現的名畫，一併了解在舉世聞名的西洋名畫背後究竟藏有什麼可怕的故事。

舉辦時程需確認／⏰11:30〜（需時約60分）／名額20名（可事先預約）／💰免費參加

↑這幅畫哪裡恐怖了？
波提且利《維納斯的誕生》

POINT

深入了解！藝術導覽行程

↑可以先行至官網確認導覽主題

可以輕鬆參加的迷你導覽

　該行程會配合現在舉辦的活動，以各種主題為中心遊覽多件西洋畫作的精彩看點。

↑維梅爾的名作《戴珍珠耳環的少女》

每週六、日／⏰14:00〜（需時約40分）／名額30名（可事先預約）／💰免費參加

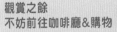

觀賞之餘
不妨前往咖啡廳&購物

→想要小憩片刻的話，推薦前往「Café de Giverny（地下2樓）」。可以一邊眺望莫內池塘，一邊享用三明治、本日的甜點套餐（900日圓〜）。

←「Restaurant GARDEN（1樓）」期間限定的花園午餐很受歡迎。

←「美術館商店（地下3樓）」有販售迷你陶板（2550日圓〜）、這裡才買得到的原創商品等。

※導覽、行程可能中止。　※照片拍攝自大塚國際美術館的展覽作品。

美食&購物

帶芽根湯及沙拉醬。

1972（昭和47）年創業之後就一直傳承風味不變的鳴門美味。鳴ちゅる烏龍麵是誕生於江戶時代的當地美食，以切成不規則外形的柔軟麵質為特色。「鳴門烏龍麵（なるとうどん）」是在細麵淋上柴魚風味的高湯，配料只有油豆腐和青蔥。很簡單卻充滿古早味，入喉也很滑順。

海鮮料理

鳴門海月別亭　鯛丸海月
なるとかいげつべってい　たいまるかいげつ

地圖p.138-A
♒ 鳴門公園🚶15分

能夠爽快地大啖鳴門海峽海鮮的漁夫海鮮店。推薦菜色有名產—天然鳴門鯛魚丼大分量特上御膳3300日圓，以及分量與美味程度會讓人感到驚異的燉煮帶骨鯛魚御膳1980日圓。

☎ 088-687-1001
♒ 鳴門市鳴門町土佐泊浦
　字福池15-33
🕐 11:00～14:00、
　18:00～22:00
休 無休　🅿 40輛

鳴門烏龍麵

舩本うどん
ふなもとうどん

地圖p.138-A
♒ 鳴門北IC搭計程車15分

☎ 088-687-2099
♒ 鳴門市鳴門町高島中島25-2
🕐 10:30～14:00（售完打烊）
休 不定休
💲 鳴門烏龍麵385日圓
🅿 5輛

鄉土伴手禮

うづ乃家
うづのや

地圖p.138-右下
♒ 鳴門公園🚶8分

位於千疊敷展望台的餐廳兼伴手禮店。附湯品與燉煮鳴門海帶芽莖的名產鯛魚丼為1950日圓。在鳴門海峽凶險渦流之下孕育的鳴門海帶芽滋味豐富，作為伴手禮很受歡迎，鳴門產青嫩海帶芽為1100日圓、海帶芽根為650日圓。亦有販售海

☎ 088-687-0150
♒ 鳴門市鳴門町土佐泊浦
　字福池65-6
🕐 8:00～18:00
　（餐廳為9:00～16:30）
休 無休　🅿 無

伴手禮、義式冰淇淋

おがた商店
おがたしょうてん

地圖p.138-右下
♒ 鳴門公園🚶10分

位於千疊敷內，販售當地特產品的伴手禮店。有著酸桔清爽酸味的酢橘義式冰淇淋、略帶甜味的鳴門金時地瓜義式冰淇淋均為330日圓。現烤竹輪140日圓、烤糰子350日圓也很受歡迎。

☎ 088-687-0528
♒ 鳴門市鳴門町土佐泊浦字福
　池65-6
🕐 9:00～17:00
休 無休　🅿 無

住宿指南

AoAwo Naruto Resort	☎ 088-687-2580／地圖：p.138-A／1泊2食35000日圓～ ● 客房皆為海景房，豪華南歐風格的度假飯店。
休暇村 南淡路	☎ 0799-52-0291／地圖：p.138-B／1泊2食12500日圓～ ● 建於可一覽鳴門海峽的高地上。可享用四季各異的料理。
Resort Hotel MoanaCoast	☎ 088-687-2255／地圖：p.138-A／1泊2食19750日圓～（雙人房的每人費用） ● 附近有沙灘，被樹林包圍的隱蔽飯店。招牌是海鮮義式料理。

あわじしま　地圖 p.168-C・F

淡路島

往四國的路上滿是花卉的島

　　淡路島上正在進行以花為主題的造鎮運動。島內各地都有花的街道、公園，以及花的著名景點等。

HINT

前往淡路島的方法

　　從大阪、神戶方向前來的話，從JR新神戶站、三宮巴士總站、♀高速舞子搭乘行經♀淡路夢舞台的🚌高速巴士大磯號。若從德島出發，先搭往大阪、神戶的高速巴士到♀高速舞子，再轉乘高速巴士大磯號。若從鳴門公園出發，先搭德島巴士的路線巴士到♀小鳴門橋，再步行約5分至♀高速鳴門，搭往大阪、神戶的高速巴士到♀高速舞子。

觀光詢問處

淡路市商工觀光課
📞0799-64-2542
淡路島觀光協會
📞0799-22-0742

交通詢問處

高速巴士
德島巴士
📞088-622-1826
本四海峽巴士預約中心
📞088-664-6030
路線巴士
德島巴士鳴門營業所
📞088-685-0115

觀賞　　遊逛

明石海峽大橋
あかしかいきょうおおはし

地圖p.168-C
JR舞子山陽電鐵舞子公園站🚶5分至明石大橋科學館、♀道の駅あわじ下車🚶即到

　　1998年通車，在淡路島和兵庫縣神戶市舞子之間的大橋。橋長3911公尺，主塔的高度298.3公尺；支撐橋面的2座主塔之間距離為1991公尺，長度為世界之最。夜晚打燈極美。

📍兵庫縣神戶市垂水区
🅿70輛(明石大橋科學館1小時200日圓)

淡路夢舞台
あわじゆめぶたい

地圖p.168-C
♀高速舞子搭🚌高速巴士大磯號15〜18分，♀淡路夢舞台前下車🚶即到

　　由建築師安藤忠雄設計的環境創造型設施群，內有花園、展望台、公園、植物館、飯店、餐廳等設施。除了在山坡上接起

100座花壇的百段苑之外，還有奇跡之星的植物館可以觀賞到世界各地的植物。

📞0799-74-1000　📍兵庫県淡路市夢舞台
🕐園內不限　🅿600輛(1天500日圓)

淡路花卉山丘
あわじはなさじき

地圖p.168-C　♀高速舞子搭🚌高速巴士大磯號28分，終點站♀東浦BT下車，搭計程車10分

　　可以欣賞到四季不同花草的高原。在廣達約15公頃的面海花田上，開滿了油菜花、罌粟花、柳葉馬鞭草、醉蝶花、一串紅、波斯菊等季節花卉。也設有直銷所。

📞0799-74-6426　📍淡路市楠本2865-4
🕐9:00〜17:00(最後入園為16:30)　🚫無休
💰免費入園　🅿200輛

淡路島

前往一會海龜！

每年一到夏天，海龜就會擁至大濱海岸。在遵守相關規定的前提下，來參觀一下神祕的產卵模樣和小海龜的放流吧。

大濱海岸的赤蠵龜

能與海龜邂逅之地日和佐

德島以南53公里、瀕臨太平洋的美波町日和佐的大濱海岸（p.169-I）是日本少數幾個赤蠵龜會登陸產卵的地方之一。海龜為了在寂靜的暗夜產卵，而前來這片美麗的沙灘。

觀察產卵的模樣！

能看到赤蠵龜產卵的時期為5月中旬～8月中旬。期間內的19時30分～翌日4時之間，大濱海岸禁止進入。即將產卵的海龜戒心極強，只要感覺到光和聲音就會不肯上岸，請安靜等候。海龜上岸之後，得按照保育監視員的指示由門口進入，安靜地觀察產卵的模樣。拍照和錄影一概禁止，看完了就儘速退出。海龜不見得天天都會上岸。

☎0884-77-1110（日和佐海龜博物館Caretta）
●前往日和佐的方法
德島站搭JR牟岐線特急54分，日和佐站下車。

海龜的產卵

上岸
充分確認安全無虞了才開始上岸。用嘴碰觸觸砂子確認情況之後，尋找適當的產卵地點。

挖洞
先將沙子挖到能容納身體的深度，再以後腿挖出深約50～60公分的洞。

產卵
後腿跨在洞上，以十幾秒2～3個的速度，產下約100～140個卵。

覆沙
用後腿將沙覆上。將沙壓實再覆沙的動作會重覆數次。

下海
將卵埋好後，將沙向後撥用以隱藏產卵地點，接著回到海中。

HINT

可以觀察海龜的設施

日和佐海龜博物館Caretta

內有海龜的進化史、世界的海龜標本展示、海龜生態介紹、小海龜的水槽等。

地圖p.169-I／日和佐站
🚶20分／☎0884-77-1110／🕘9：00～17：00
🈺週一（逢假日則翌日休）／💴610日圓

ホテル白い燈台

地圖p.169-I／日和佐站🚶5分
☎0884-77-1170／💴1泊2食13200日圓～

可以帶著寵物一同入住的日和佐白色燈塔飯店，客房皆為海景房，能眺望太平洋的露天浴池很有人氣。這座濱海建築作為能在德島遇見海龜的飯店也十分有名。

※可以參觀產卵和覆沙的半程，其餘則禁止參觀。

高松

新舊的各個景點
競相展現魅力的瀨戶之都

　　高松是松平家承接生駒家的城下町。高松城原址的玉藻公園和歷代藩主造園的名勝栗林公園，都是不能錯過的觀光景點。市區道路呈現棋盤狀排列，還有日本最長的拱頂商店街也不妨前去逛逛。

前往高松的方法

　　最近的機場是高松機場。接駁特急巴士也會經過高松築港、栗林公園等地。

　　若搭乘火車，先搭新幹線到岡山站，再轉乘行駛瀨戶大橋線的「快速Marine Liner」。東京亦有寢台特急「日出瀨戶」號在行駛。以包廂的臥鋪車為主，最便宜的B寢台單人包廂為21440日圓。此外，「大通鋪」也很受歡迎，乘車券和特急券一共只要15370日圓即可搭乘。

　　高速巴士還有東京、Busta新宿（夜行，單程5800日圓～）、橫濱（夜行，單程5900日圓～）、名古屋（夜行，單程5600日圓～）、廣島（單程4100日圓～）、神戶三宮（單程3900日圓）等班次可搭。

　　渡輪方面，從神戶有Jumbo渡輪（ジャンボフェリー）可以搭乘，需時約4小時、1990日圓～。1天4班，由JR三宮站搭接駁巴士10分可至的渡輪碼頭發船，抵達高松東港。

區域的魅力度

遊逛風情
★★★
美食（烏龍麵）
★★★★★
伴手禮
★

標準遊逛時間：3小時
SUNPORT高松～玉藻
公園～栗林公園

觀光詢問處

高松市觀光交流課
☎087-839-2416
香川高松旅遊服務中心
☎087-826-0170

交通詢問處

飛機（參考p.171）
高松機場服務中心
☎087-814-3355

JR
JR高松站
☎087-825-1702

高速巴士
（東京～高松）
JR巴士關東預約中心
☎0570-048-905
（大阪～高松）
西日本JR巴士
電話預約中心
☎0570-00-2424
阪急巴士預約中心
☎0570-089-006
（松山～高松）

能欣賞行駛岡山和高松之間的Marine Liner風景

高
松

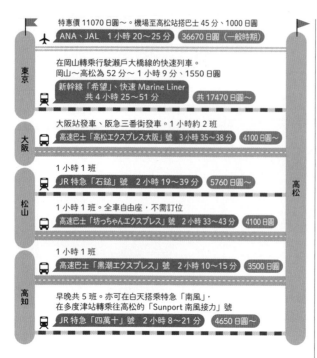

特惠價 11070 日圓～。機場至高松站搭巴士 45 分、1000 日圓

東京

✈ ANA、JAL　1 小時 20～25 分　36670 日圓（一般時期）

在岡山轉乘行駛瀨戶大橋線的快速列車。
岡山～高松為 52 分～1 小時 9 分、1550 日圓

🚆 新幹線「希望」、快速 Marine Liner
共 4 小時 25～51 分　共 17470 日圓～

大阪

🚆 大阪站發車、阪急三番街發車。1 小時約 2 班
高速巴士「高松エクスプレス大阪」號　3 小時 35～38 分　4100 日圓～

松山

🚆 1 小時 1 班
JR 特急「石鎚」號　2 小時 19～39 分　5760 日圓～

🚆 1 小時 1 班。全車自由座，不需訂位
高速巴士「坊っちゃんエクスプレス」號　2 小時 33～43 分　4100 日圓

高知

🚆 1 小時 1 班
高速巴士「黑潮エクスプレス」號　2 小時 10～15 分　3500 日圓

🚆 早晚共 5 班。亦可於白天搭乘特急「南風」，
在多度津站轉乘往高松的「Sunport 南風接力」號
JR 特急「四萬十」號　2 小時 8～21 分　4650 日圓～

高松

伊予鐵高速巴士預約中心
📞089-948-3100
（高知～高松）
土佐電交通播磨屋橋
高速巴士預約中心
📞088-884-5666
（德島～高松）
德島巴士預約中心
📞088-622-1826
（神戶～高松）
FOOT BUS
📞078-333-8888

渡輪
（新港第三突堤～高松東）
Jumbo渡輪
📞087-811-6688

電車
高松琴平電氣鐵道
📞087-863-7300

路線巴士
琴電巴士（運輸服務部）
📞087-821-3033

計程車
高松計程車協會
📞087-821-8711

出租自行車
高松站前廣場
地下自行車租借場
📞087-821-0400

POINT

抵達後第一步的走法

取得觀光資訊…出了剪票口前方，站前廣場內有高松市資訊廣場，可以取得市內地圖和簡介手冊。

寄放行李…車站西側有投幣式寄物櫃300日圓～和行李寄放處（9:00～17:30（平日8:30～）／410日圓）。寄物櫃數量不多。

搭乘路線巴士、計程車…均在站前廣場內搭乘。往栗林公園的巴士在10號和12號。觀光計程車為1小時4800日圓～。

租借自行車…可以在高松站前廣場地下自行車停車場租到（7:00～22:00／1天200日圓）。但商店街每逢週六日、假日時，會有部分路段禁行自行車，高松站周邊等地也有全天禁止停自行車的區域。騎車遊逛主要景點約3小時，到栗林公園約20分。

HINT

遊覽順序的小提示

主要景點分布在高松站到栗林公園之間。史蹟高松城跡玉藻公園、香川縣立博物館等就位於高松站周邊，步行即可遊逛。首先去高松站周邊的景點，再搭巴士等前往栗林公園，回程視時間可以逛逛拱頂商店街會很有意思。騎自行車的話遊逛效率更高。

遊逛高松著名的拱頂商店街

高松市區有許多拱頂商店街，丸龜町的獅子通、南新町等8個商店街的總長度達2.7公里，是日本最長的商店街。每個商店街都有各自的特色，兵庫町商店街有不少讚岐烏龍麵名店，獅子通則是居酒屋和鄉土料理雲集的夜晚鬧區。可以逛逛著名的商店街，邊走邊吃之餘也能享受夜間漫步的樂趣。

觀賞&遊逛

SUNPORT高松

さんぽーとたかまつ

地圖p.149-A
高松站🚶即到

　位於JR高松站和高松港等高松交通要衝集中的區域內，是嶄新的水岸設施。除了以新穎外觀引人目光的JR高松站舍和高松港旅客大廈之外，能感受海風的步道和飯店等也一應俱全。

📞 087-811-2111(MariTime Plaza 高松)
📍 高松市サンポート2-1
🅿️ 約1000輛(2小時以內每20分100日圓)

●高松地標塔

地上30層，有四國最高151.3公尺大樓的資訊文化設施，也設有餐廳和購物中心。頂樓的ALICE IN 高松（11:30～15:00、17:30～22:00；咖啡廳11:00～17:00）看到的瀨戶內海更是美不勝收。也設有販售特產品、伴手禮的「四國SHOP88」，以及香川資訊中心「香川PLAZA」。周邊廣場經常會舉辦活動。

●港口步道

　可以感受到海風、觀賞瀨戶內海的島嶼，單程約15分的觀光步道。在玉藻防波堤的木板步道上，走向外牆為紅色玻璃的紅色燈塔（せとしるべ）。

史蹟高松城跡玉藻公園

たかまつしりつたまもこうえん

地圖p.149-A
高松站🚶3分

　將高松城原址對外開放的公園。高松城（別名玉藻城）是1587（天正15）年進入讚岐國的生駒親正花費了數年建造的城。護城河引入瀨戶內海的海水，是罕見的「水城」，還可以在內堀丟餌餵鯛魚。園內也有陳列館和庭園。

📞 087-851-1521　📍 高松市玉藻町2-1
🕐 5:30～19:00(可能視季節變動)
🈺 無休　💴 200日圓　🅿️ 57輛

POINT　鴨隊長導覽／從高松站向東往港口方向，沿著能感受到海風的全新道路向前走，不久即可看到西門。

香川縣立博物館

かがわけんりつみゅーじあむ

地圖p.149-A
高松站🚶13分

　多元地介紹香川縣歷史及文化的體驗型博物館。收藏了不少松平家相關國寶等珍貴歷史資料、香川相關作家的美術作品等，極具欣賞價值。仿造實體大小的豎穴式住居和金毘羅燈籠等大型展示品也不容錯過。

📞 087-822-0002
📍 高松市玉藻町5-5
🕐 9:00～17:00　🈺 週一(逢假日則翌日休)
💴 410日圓(特別展費用另計)
🅿️ 50輛(25分100日圓)

栗林公園

りつりんこうえん

地圖p.149-C
高松站搭乘JR高德線6分，栗林公園北口站下車🚶3分，或高松站搭乘🚌琴電巴士15分，♀栗林公園前下車🚶1分；或高松站🚕5分至高松築港站搭乘🚃高松琴平電氣鐵道琴平線7分，栗林公園站下車🚶10分

　名列日本國家級特別名勝，約75萬平方公尺大的美麗庭園，由歷代藩主耗時100餘年的歲月完成。以和緩稜線的紫雲山為背景，共建有13座假山、6個池塘。園內分為日式的南庭和西式的北庭，由東門進入後左手邊的南庭景點較多。

📞 087-833-7411　📍 高松市栗林町1-20-16
🕐 7:00～17:00(視季節而異)
🈂 無休　💴 410日圓　🅿 62輛(25分100日圓)

POINT 鴨隊長導覽／如果在琴平電鐵栗林公園站下車，應穿過住宅區向西走，就可以看到眼前一面栗林公園的綠樹林。以街道上出現的綠色樹木為目標走10分鐘左右，即可抵達東門。

●商工獎勵館

　介紹栗林公園的相關資訊、展示傳統工藝品。週六日、假日還有傳統工藝師現場表演。

●日暮亭

　質樸茅草屋頂的茶室。可以品嘗附和菓子的抹茶500日圓（僅週六日、假日營業）。

●掬月亭

　茶室風格的書院式建築，能將整個南亭盡收眼底。可以品嘗茶（收費）等。

新雷歐瑪世界

NEWレオマワールド

地圖p.168-D
高松築港站搭🚃高松琴平電鐵琴平線51分至岡田站下車，搭計程車5分，約1000日圓

　中國及四國地區規模最大的主題樂園。寬廣的園內以22種遊樂設施為首，還有遊行、3D光雕投影、玫瑰等花卉的園區、設置了200萬顆燈的四國最大星光廣場、夏季限定水上樂園等，精彩多樣的設施不計其數。

📞 0877-86-1071
📍 丸龜市綾歌町栗熊西40-1
🕐 10:00～16:00(可能視季節變動)
🈂 無休(維修保養則休業)
💴 入園券1700日圓、
　　Free Pass(入園+乘坐設施)4000日圓
🅿 4100輛

●大江戶溫泉物語雷歐瑪之森飯店

　面湖而建的飯店，客房陽台能將讚岐平原的風光盡收眼底。附設天然溫泉森之湯，也可以純泡湯或吃自助餐。

📞 0877-86-5588　🕐 森之湯11:30～22:00
💴 1泊2食10989日圓～（未稅）

TEKU TEKU COLUMN

源平的古戰場

屋島

地圖p.168-E

　高293公尺熔岩台地的山頂，留有不少源平的相關史蹟。站上展望台，將備讚瀨戶的雄偉景觀盡收眼底（觀光詢問洽屋島山上觀光協會♪087-841-9443）。

♀ 高松市屋島

Ｐ 400輛（道路通行費，普通車‧630日圓）

●前往屋島的方法

　可以從高松搭乘JR，但以搭乘高松琴平電氣鐵道較方便。由高松築港站搭乘高松琴平電氣鐵道琴平線4分，在瓦町站轉乘志度線14分，琴電屋島站下車。到屋島山頂則在琴電屋島站搭乘接駁巴士（琴電巴士♪087-821-3033）10分，100日圓，♀南嶺駐車場下車（1天8～9班）。

●屋島寺

南嶺停車場🚶4分

　四國靈場第84號札所，有祭祀狸的神社。

♪ 087-841-9418

♀ 高松市屋島東町1808

🕐 7:00～17:00

休 無休

¥ 境內免費

●獅子之靈巖展望台

南嶺停車場🚶10分

　突出於面向高松灣斷崖外的獅子之靈巖上，設有展望台。

●四國民家博物館　四國村

琴電屋島站🚶5分

　戶外型民宅博物館，有長約2公里的周遊路線。

♪ 087-843-3111

♀ 高松市屋島中町91

🕐 8:30～17:00

　（11月～3月為～16:30）

休 無休　**¥** 1000日圓

Ｐ 200輛

讚岐烏龍麵店

講到香川，首推讚岐烏龍麵。甚至有人指出到處吃烏龍麵店也是休閒活動之一，全縣約有700家店。來嘗嘗受到當地人喜愛的正統風味吧。

市區的人氣店

高松市市內有很多烏龍麵店，從自助式店到製麵所型的店都有。在觀光景點附近的店家為數也多

↑熱湯麵（小）／250日圓

さか枝（えだ）

自助式店的始祖

早上6時就開始營業的自助式店，經常擠滿了大量的熟客。混合當地小麥揉製的麵、使用5種柴魚的高湯等，對於食材的堅持造就了現在的美味。

地圖p.149-B
栗林公園北口站🚶10分／☎087-834-6291／📍高松市番町5-2-23／🕐6：00～15：00（售完打烊）／🈺週日、假日

TEKU TEKU COLUMN

讚岐烏龍麵店的種類

■自助式
　先點麵！加熱、加醬汁、放配料、拿去自己座位。
■製麵所
　是製麵的工廠，但可以在店頭吃麵。基本上是自助式。
■一般店
　店員會到座位來點餐，也會送到座位來的餐廳形式。

→1球麵／200日圓
+天婦羅／1個120日圓

竹清（ちくせい）

絕品！半熟蛋天婦羅

老闆手工揉製的現煮烏龍麵，以及老闆娘現炸的熱呼呼天婦羅是該店的兩大招牌。烏龍麵只有提供「熱湯麵」。點好球數之後，放上現炸的天婦羅開動吧。

地圖p.149-B
栗林公園北口站🚶8分
☎087-862-1095／📍高松市龜岡町2-23／🕐11：00～14：30（售完打烊）／🈺週一（逢假日則翌日休）

川福本店
（かわふく）

講究麵皮、嚼勁、光澤的麵！

　位於鬧區中心，創業60多年的老店。該店發明的當地名產「烏龍冷麵」是以追求滑順口感的細麵為特徵。釜揚烏龍麵也很受歡迎。

地圖p.149-A／琴電片原町站
🚶10分／☎087-822-1956
／📍高松市大工町2-1
🕐11：00～23：30
💤12/31、1/1

↑烏龍冷麵／640日圓

松下製麵所

市區內的製麵所

　在店頭供應烏龍麵已達50多年，一直受到當地人喜愛的製麵所。屬於拿到麵後，自己加料調配的自助式店。

地圖p.149-C／栗林公園北口站🚶7分／☎087-831-6279／📍高松市中野町2-2／🕐7：00～17：30（售完打烊）💤週日

↗1球／230日圓＋溫泉蛋／80日圓＋可樂餅／100日圓

ぶっかけうどん大円

　美味的訣竅在於放置一晚的麵。有光澤、有口感！老闆自豪的麵條和鹹甜醬汁也十分對味。有13種「濃湯烏龍麵」，其中又以照片所示的特製濃湯

地圖p.168-E／琴電栗林公園站🚶15分／☎087-835-5587／📍高松市今里町1-28-27 APPLE HOUSE 1F／🕐11：00～17：00／💤週二

烏龍麵670日圓特別受歡迎。

手打十段うどんバカ一代

　將麵靜置一晚而成的濕潤口感十分出名。釜奶油麵的發源店，奶油、雞蛋、黑胡椒十分對味。麵都是現煮完成。

地圖p.168-E／琴電花園站🚶3分／☎087-862-4705／📍高松市多賀町1-6-7／🕐6：00～18：00／💤無休

↑特製濃湯烏龍麵／670日圓

↑釜奶油烏龍麵（小）／490日圓

郊外的名店

到了郊外，到處都看得到像是民宅的店家。前往連當地烏龍麵老饕也讚不絕口的傳說名店吧！

↑蛋拌釜揚烏龍麵／300日圓

山越うどん
やまごえうどん

掀起「蛋拌釜揚烏龍麵」熱潮的人氣名店。假日時動輒就要排上1小時已是稀鬆平常。從熱呼呼的大鍋中撈起的烏龍麵軟硬適中，和半熟蛋十分對味。

琴電瀧宮站搭計程車約5分／
☎ 087-878-0420／📍綾歌郡綾川町羽床上602-2／🕘9:00～13:30／休週日、三

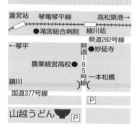

やまうちうどん

使用財田川的地下水，並以柴薪為火力用大鍋煮成的特製麵條，以獨特的口感聞名。配特製小魚乾高湯食用的烏龍麵，以冷麵淋上熱湯的「冷熱麵」最美味。

黑川站🚶20分
☎ 0877-77-2916
📍仲多度郡まんのう町大口1010
🕘9:00～14:30(售完打烊)
休週四

なかむら

過去因為連蔥都要客人自己切而聞名的超級自助型店。麵條入喉的口感如飲用般滑順，淋醬汁食用的美味自不用說，蛋拌也很對味。

丸龜站搭計程車15分
☎ 0877-98-4818
📍丸龜市飯山町西坂元1373-3
🕘9:00～14:00(售完打烊)
休週二

→烏龍麵(小)／230日圓+天婦羅／110日圓

→冷熱麵(小)／200日圓

がもううどん

　一邊眺望悠閒的田園風光，一邊在室外品嘗是饕客的吃法。菜單只有「淋醬」這一種。甘甜的大片油豆皮（100日圓）加上昆布柴魚醬汁十分對味！

鴨川站🚶20分／📞0877-48-0409／📍坂出市加茂町420-3／🕐8:30～14:00（週六、假日為～13:00），皆為麵售完打烊）／🈺週日、第3、4週一（其他可能臨時休業）

→烏龍麵（小）／150日圓
＋油豆皮／100日圓

長田in香の香

　煮好的麵不用冷水沖洗而直接上桌享用的「釜揚麵」是招牌菜色。口感滑順的麵沾裹小魚乾風味醬汁食用。

岸井うどん

　在溫室改裝的店內，享用熱騰騰的現燙烏龍麵吧。推薦菜色是以正宗手打麵製成的濃湯肉烏龍麵，很有飽足感。

むさし

　創業40餘年，非常重視醬汁，加入柴魚和昆布費心熬煮而成。著名的咖哩烏龍麵，特製咖哩和粗麵的組合十分美味。

↑釜揚烏龍麵（小）／300日圓

↑濃湯肉烏龍麵（小）／600日圓

↑咖哩烏龍麵／630日圓

金藏寺站🚶10分
📞0877-63-5921
📍善通寺市金藏寺町1180
🕐9:00～15:00
🈺週三、四（逢假日則營業）

善通寺站🚶7分
📞090-6286-0325
📍善通寺市生野町826-3
🕐10:30～16:00（售完打烊）
🈺週二（逢假日則營業）

琴平站🚶15分／📞0877-75-0520／📍仲多度郡琴平町五條637-2小出大樓1F
🕐10:00～20:30
🈺週二（逢假日則翌日休）

美食&購物

片原町站／日本料理

料亭　二蝶
りょうてい　にちょう

地圖p.149-A
高松築港站搭乘🚃高松琴平電氣鐵道琴平線2分，片原町站下車🚶1分

日本料理老店。可以在茶室風格的建築內悠閒用餐。色彩豐富的季節午間宴席料理5500日圓～為平日限定。採預約制，還能嘗到河豚、鱉料理。服務費另計。

📞 0120-86-0220
📍 高松市百間町7-7
🕐 11:30～15:00、
　 17:00～22:30
🈵 週一
💴 午餐4000日圓～
　 晚餐11000日圓～
🅿 15輛

中古馬場町／割烹

海鮮割烹なかむら
かいせんかっぽうなかむら

地圖p.149-B
高松築港站搭乘🚃高松琴平電氣鐵道琴平線4分，瓦町站下車🚶10分

以高松灣近海捕撈的新鮮小

魚、鯛魚、星鰻等為食材，供應割烹料理的餐廳。主廚推薦全餐4400日圓～有生魚片、燒烤等7道菜色。

📞 087-821-2340
📍 高松市古馬場町7-4
🕐 17:00～23:30
🈵 週日
💴 晚餐6500日圓～
🅿 附近有

瓦町／鄉土料理

まいまい亭
まいまいてい

地圖p.149-C
高松琴平電氣鐵道瓦町站🚶6分

提供正統讚岐料理的餐廳。可以吃到蒸籠星鰻飯、醋豆腐、使用陳放5年醬油的壺底油調理而成的湯品等，精心製作的各色佳餚。

📞 087-833-3360
📍 高松市東田町18-5
🕐 11:30～14:00、
　 17:00～22:00（需預約）
🈵 不定休
💴 午餐1650日圓～
　 晚餐4400日圓～
🅿 隔壁有收費停車場

片原町商店街／瓦片煎餅

田村久つ和堂総本店
たむらくつわどうそうほんてん

地圖p.149-A
高松站🚶7分

以獨特硬度聞名的名產——瓦片煎餅。店家至今以來都堅守分別煎烤兩面的美味手工製法。特

產白下糖是散發高雅甜味的訣竅。名片大小的小型煎餅為10片袋裝702日圓～。

📞 087-821-3231
📍 高松市片原町1-2
🕐 9:00～18:00
🈵 無休　🅿 無

TEKU TEKU COLUMN

復古&新潮的倉庫街

北浜alley
きたはまありー

地圖p.168-E
高松站🚶10分

將位於玉藻公園東側港口的老倉庫及空屋整修而成的商業設施。是一條咖啡廳、餐廳、雜貨店等林立的復古時尚倉庫街。也有能包租整棟的住宿設施。隔壁還有北浜alley2 N.Y GALLERY可以參觀。

📞 087-834-4335
　（設施管理事務局）
📍 高松市北浜町4-14
🕐 視店鋪而異
🈵 視店鋪而異
🅿 50輛

兵庫町／帶骨雞肉	兵庫町／海鮮料理	片原町商店街／和菓子

寄鳥味鳥
よりどりみどり

天勝
てんかつ

三友堂
さんゆうどう

地圖p.149-A
高松站🚶10分

地圖p.149-A
高松站🚶7分

地圖p.149-A
琴電片原町站🚶3分

讚岐名產「帶骨雞肉」的專門店。帶骨雞肉（嫩雞）980日圓，是將早上處理的當地產雞腿肉整支放入烤箱烤20分鐘製成，有著酥脆的口感。加上獨家香料，美味無比。

將從大型水槽撈出的瀨戶內海鮮調理成生魚片、天婦羅等菜色的日本料理餐廳。整尾下去油炸的大星鰻（べえすけ）和壽喜燒（2人份～需預約）人氣很高。

1872（明治5）年創業的老字號和菓子店。手工烤出的麩烤煎餅夾著柿餡，再在表面塗上讚岐和三盆糖的「木守」，是據說千利休也喜歡的極品。有著質樸而古早的好味道。

📞 087-822-8247
📍 高松市兵庫町1-24木村ビル2F
🕐 17:00～21:30(LO)
休 週一
💴 晚餐2500日圓～
🅿 無

📞 087-821-5380
📍 高松市兵庫町7-8
🕐 11:00～14:00、16:00～22:00
休 無休
💴 大星鰻壽喜燒1人份3630日圓
🅿 7輛

📞 087-851-2258
📍 高松市片原町1-22
🕐 8:30～19:00
休 無休
💴 木守1個152日圓
🅿 無

住宿導覽

高松站周邊	高松克萊蒙特JR大飯店	📞087-811-1111／地圖：p.149-A／⑤9400日圓～ ●所有客房都能眺望瀨戶內海。餐飲設施也很完備。
	Hyper Inn高松站前	📞087-826-0818／地圖：p.149-A／⑤5200日圓～ ●高松站步行2分，是方便的觀光據點。1樓有餐廳。
	高松東急REIホテル	📞087-821-0109／地圖：p.149-A／⑤4100日圓～ ●高松站步行7分。餐廳供應的自助式早、午餐很豐富。
	Hotel Pearl Garden	📞087-821-8500／地圖：p.168-E／⑤6000日圓～ ●餐廳及大廳能夠眺望日本庭園。2019年新館開張。
	高松皇家花園酒店	📞087-823-2222／地圖：p.149-B／ⓦ9800日圓～、ⓣ12600日圓～ ●位在瓦町，是方便的觀光據點。客房寬敞。
	Parkside飯店 高松	📞087-837-5555／地圖：p.149-C／⑤4300日圓～ ●位在栗林公園前，有閑靜的名園風情。價格經濟實惠。
	高松國際酒店	📞087-831-1511／地圖：p.168-E／⑤6030日圓～ ●西式、日式客房及大套房等多種房型完備。有餐廳。
瓦町	Daiwa Roynet Hotel 高松	📞087-811-7855／地圖：p.149-B／⑤6500日圓～ ●位於高松市中心，附近就是充滿活力的商店街丸龜GREEN。
中央通	高松麗嘉酒店 ZEST	📞087-822-3555／地圖：p.149-A／⑤6810日圓～ ●面對中央通的歐洲風格飯店。觀光或商務出差交通都很方便。

搭乘定期觀光巴士遊覽

小豆島

地圖 p.168-B

以「二十四瞳」故事發生地聞名的小豆島。島內有名勝寒霞溪和橄欖相關設施等人氣景點，只要搭乘定期觀光巴士，就可以高效率地環島遊覽了。

僅次於淡路島的瀨戶內海第二大島小豆島，中心部分有星城山（817公尺），島內各處都可以看到山和海。除了溪谷之美和電影外景地等著名景點之外，和小豆島靈場相關的能量景點也多。

前往小豆島的方法

●從高松出發（前往高松的方法參考p.146）…高松港搭小豆島渡輪（**♪**087-821-9436）等高速艇35分、1190日圓，土庄港下船。或搭渡輪（**♪**087-822-4383）1小時、700日圓，土庄港下船。
●從岡山出發…岡山站搭巴士35分至新岡山港，搭兩備渡輪（**♪**086-274-1222）或四國渡輪（土庄 **♪**0879-62-0875）的渡輪1小時10分、1090日圓，土庄港下船。
●從大阪方向出發…姬路港搭小豆島渡輪（姬路港服務處**♪**079-234-7100）的渡輪1小時40分、1520日圓，福田港下船。或神戶港搭乘小豆島Jumbo渡輪（**♪**078-327-3322）的渡輪3小時10分、1990日圓～，坂手港下船。

預約定期觀光巴士、觀光計程車

定期觀光巴士在土庄港發抵，請洽小豆島交通（**♪**0879-62-1203）。

搭觀光計程車遊覽寒霞溪、小豆島橄欖樹公園、二十四瞳電影村等主要景點需時4小時30分、約25000日圓。請洽小豆島交通（土庄**♪**0879-62-1201）、寒霞溪計程車（坂手**♪**0879-82-2288）等。

●遊覽小豆島的 定期觀光巴士

! HINT

巡島觀光巴士　每天營運／需預約

土庄港觀光中心9:45發車–銚子溪猿之國–寒霞溪山頂–小豆島八十八所靈場–佛濱瀑布–二十四瞳電影村–橄欖樹公園–土庄港15:25抵達　4200日圓

01 銚子溪猿之國

位於利用山頂一帶打造的銚子溪自然動物園內，可以遇見被餵養的猴群。由2隻猴王統帥的猴群大約500隻。每天10時10分和12時10分還會舉辦猴子秀，可愛的猴子會表演踩高蹺之類的技能。還可以體會餵食樂趣（100日圓）。附近還有銚子瀑布。

♪0879-62-0768／⏰8:20～17:00／休無休／¥450日圓／搭計程車…土庄港🚗20分、約4000日圓～；坂手港🚗50分，約9000日圓～

02 天使之路

在銀波浦外海的4個小島「余島」。1天2次退潮時會有沙洲出現，連接4座小島的特殊景觀。也是連續劇的著名拍攝地點，有不少觀光客手持潮汐表造訪。約束之丘展望台就在旁邊。退潮時前後約2小時是最佳觀賞時間，不妨前往島上參觀。

♪0879-62-2801（服務處商店）／⏰1天2次退潮時／休不限／搭計程車…土庄港🚗10分，約870日圓～。坂手港🚗40分，約6500日圓～。

03 四方指展望台

寒霞溪和銚子溪之間的絕佳賞景地點。由海拔777公尺處的四方指展望台看到的景色，就像名稱般雄偉壯觀。內海的城鎮自不用說，連中、四國的山巒乃至於瀨戶大橋及大鳴門橋都看得到。秋天的紅葉也極美。

☎0879-82-1775（小豆島觀光協會）／⏰不限／搭計程車⋯土庄港🚗30分，約5400日圓～。坂手港🚗50分，約8600日圓～

04 寒霞溪

日本著名的三大美麗溪谷之一。岩石山上約有50種不同的野生紅葉植物，新綠季節固然風景秀麗，11月上旬～下旬的紅葉更是美不勝收。空中纜車為8:00～17:00（視季節變動）單程950日圓、來回1890日圓。

☎0879-82-2171／休無休／搭計程車⋯土庄港🚗40分，約6700日圓～。坂手港🚗40分，約6600日圓～

小豆島
1:200,000
0   3km
周邊廣域地圖 P.168-169

N

往日生

妙見崎
前島

屋形崎鼻
北浦港

大坂城残石記念公園

美しの原高原

寒霞溪ブルーライン

藤崎

往姬路

小豆島オートビレッジYOSHIDA

福田港
石彫公園

小島

小豆島シーサイドGC

P.156
01 銚子溪猿之國

小豆島犬觀音佛殿
卍長勝寺

小豆島スカイライン

肥土山農村歌舞伎舞台

394 ▲星ヶ城山 816
寒霞溪
紅雲亭

千羽ヶ嶽 371

城ヶ島

P.157
寒霞溪空中纜車

四方指展望台 P.157

428
▲湯船山 大麻山

中山農村歌舞伎舞台

殿川ダム

小豆島町

南風崎

平和の群像 卍宝生院

土庄町役場

尾崎放風記念館

高見山公園 オリーブ温泉

天使之路 P.156

大余島

飛崎
沖の鼻

小豆島故郷村（手工素麺館）

オリーブ公園
飯神山 ▲189

オリーナビと小豆島（橄欖海灘）

卍正法寺

池田港

権現崎

内海湾

岬之分教場

赤碕

🅼丸金醬油紀念館

ベイリゾートホテル

小豆島
壺井栄文学碑

小豆島橄欖樹公園 P.157

小船

二十四瞳電影村 P.157

🅡Caféシネマ倶楽部

長者崎

富士崎

白浜山 300 ▲

塩谷崎

往神戸

風ノ子島

大角鼻

地蔵崎灯谷

崩崎

往高松

土庄港～坂手港的巴士
1小時1班，40分，300日圓

福田港～土庄港的巴士
1天9班（北迴），50分，300日圓

往岡山
往宇野

往高松

戸形崎
黒崎
門ノ崎

小豆島

05 小豆島橄欖樹公園

有種植大約120種香草的花園和住宿設施、純泡湯溫泉設施的公園。橄欖紀念館的1樓有關於橄欖歷史的各種介紹展示，以及販售香草製品的專區。館內2樓還有咖啡廳。

☎0879-82-2200／⏰8:30～17:00／休無休／¥免費入園／搭計程車⋯土庄港🚗30分，約4000日圓～。坂手港🚗20分，約3000日圓～

06 二十四瞳電影村

搭配1987（昭和62）年的電影《二十四之瞳》同步開幕的電影村。內有木造校舍、民宅等具有古早氛圍的設施。展示原作者壺井榮用過的家具、日用品及書信等物的文學館，以及1950年代日本電影藝廊、鍍鋁餐具復古餐廳也很有意思。電影村內還有拍攝場景之一的岬之分教場亦有對外公開。

☎0879-82-2455／⏰9:00～17:00／休無休／¥790日圓／島內1區300日圓路線巴士很方便。從對岸的橄欖海灘也可以乘坐小船（3月下旬～11月，需時10分、500日圓）。搭計程車⋯土庄港🚗45分，約8300日圓～

一生至少要參拜
一次金刀比羅

琴平的金刀比羅宮是以「金毘羅神」聞名的海洋神祇。步行穿過御本宮到奧社，有多達1368級石階。應準備充足的時間，好好體會琴平的魅力。

地圖p.168-D

前往琴平的方法

高松站搭JR土讚線52分～1小時29分、870日圓，琴平站下車。或高松琴平電鐵高松築港站搭琴平線1小時2分、630日圓，琴電琴平站下車。往表參道則琴平站👞10分、琴電琴平站👞8分。

金刀比羅宮本宮（御本殿）

主神是海上交通的守護神。除了海上安全之外，還是著名的五穀豐收、闔家平安等的神祇。
比羅宮社務所♪087-75-2121

 表參道　365級 ▶▶▶ 👞20分　 大門

◆漫步門前町

參道

由車站向西南走，在琴平郵局角落左轉，看到的街景就十分具有神社門前町的感覺。道路兩側滿是伴手禮商店、餐廳和老字號旅館等，極為熱鬧。走了約250公尺之後，按照標示牌指示右轉，這裡開始便是石板路參道了。看看兩旁起始自神社師傅的一刀雕等伴手禮店，邊向前行。

「石段籠」是由兩位健壯男士承人從石階下扛到大門口的服務，年長者乘客自不用說，也頗受小朋友的喜愛，卻因為後繼無人而在2020年1月結束

石段籠

大門

營業。途中，左手邊看到寫有「松浦百段堂」字樣的招牌。這或許會讓參拜者喪氣地以為才走了100級，但其實雙層歇山頂式結構、瓦頂的大門近在咫尺。

 大門　629級 ▶▶▶ 👞15分　 旭社

◆五人百姓相迎

穿過大門後，就會看到在參道左右的5張大傘。這是境內唯一許可做生意的五家糖果店，通稱為「五人百姓」。口中含著帶有些微柚子香氣的名產金色加美代飴，走過寶物館、社務所、書院，一口氣登上階梯前往旭社。旭社是極為優雅的

書院

建築，甚至有不少人誤以為是御本宮。

 旭社　785級 ▶▶▶ 👞10分　 御本宮

◆陡峻石級讓膝蓋顫抖

旭社到御本宮是陡峻而連續的石階，咬緊牙根努力向上

旭社

吧。旭社旁有條狹窄的階梯是向下專用的，應注意。由旭社向右直行，穿過賢木門才是正確的路線。向上的石階既窄又陡，腿力不好的人請利用扶手慢慢向上爬。偶有陽光穿透下來的石階走到頂，就到目的地御本宮了。

御本宮位於象頭山中腹，祭祀著大物主大神和崇德天皇。以大社關棟式建築、檜木皮葺屋頂為特徵的社殿極為莊嚴。御本宮和迴廊連結的左側，

158

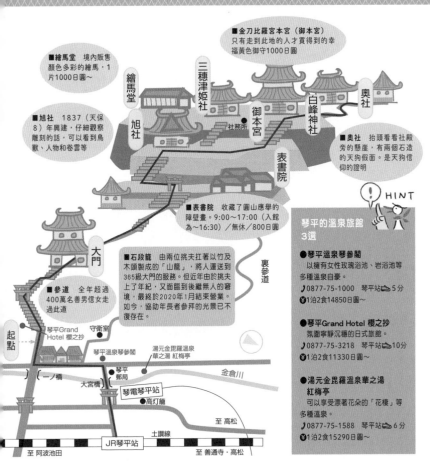

■金刀比羅宮本宮（御本宮）
只有走到此地的人才買得到的幸
福黃色御守1000日圓

■繪馬堂　境內販售
顏色多彩的繪馬，1
片1000日圓～

三穗津姬社

繪馬堂

奧社

■旭社　1837（天保
8）年興建，仔細觀察
雕刻的話，可以看到鳥
獸、人物和卷雲等

旭社

御本宮

白峰神社

●社務所

■奧社　抬頭看看社殿
旁的懸崖，有兩個石造
的天狗假面。是天狗信
仰的證明

表書院

■表書院　收藏了圓山應舉的
障壁畫。9:00～17:00（入館
為～16:30）／無休／800日圓

! HINT

大門

裏參道

■石段籠　由兩位挑夫扛著以竹及
木頭製成的「山籠」，將人運送到
365級大門的服務。但近年由於挑夫
上了年紀，又面臨到後繼無人的窘
境，最終於2020年1月結束營業。
如今，協助年長者參拜的光景已不
復存在。

■參道　全年超過
400萬名善信女走
過此道

起點

琴平Grand
Hotel 櫻之抄

守衛室

琴平溫泉琴參閣

湯元金毘羅溫泉
華之湯 紅梅亭

琴平Grand Hotel 櫻之抄

一ノ橋

琴平
郵局

大宮橋

琴電琴平站

高灯籠

金倉川

至 高松

至 善通寺・高松

土讚線

JR琴平站

至 阿波池田

琴平的溫泉旅館
3選

●琴平溫泉琴參閣
以擁有女性玫瑰浴池、岩浴池等
多種溫泉自豪。
♪0877-75-1000　琴平站🚶5分
💰1泊2食14850日圓～

●琴平Grand Hotel 櫻之抄
氛圍寧靜沉穩的日式旅館。
♪0877-75-3218　琴平站🚶10分
💰1泊2食11330日圓～

●湯元金毘羅溫泉華之湯
紅梅亭
可以享受漂著花朵的「花棲」等
多種溫泉。
♪0877-75-1588　琴平站🚶6分
💰1泊2食15290日圓～

參拜金刀比羅

前方是三穗津姬社，後方則建
有繪馬堂。繪馬堂內有許多關
於海洋守護神「金毘羅神」的
歷史，掛著無數寫有人們祈願
的繪馬。

要拍紀念照的話，御本宮右
側的展望台附近最美。金毘羅
神特有的御守和御神籤也是在
此處購買。

繪馬堂

白峰神社

御本宮　約951級　▶▶▶▶　白峰神社
👟10分

◆享受森林浴的漫步行程
離開熱鬧的御本宮後，經過
展望台旁，前往白峰神社。在
楠木、檜木繁茂而略顯陰暗的
路上，到處都有野鳥的叫聲。
被楓樹環繞的白峰神社塗有紅
漆的社殿極美。

白峰神社　約1368級　▶▶▶▶　奧社
👟10分

◆山頂的神祕奧社
由白峰神社再向山頂而行。
走到像是髮夾彎一般的折返點
時，就快到終點了。在上方遠
處看到洗手處時，那裡便是奧
社了。天氣晴朗時甚至可以看
到小豆島。

奧社

大步危・小步危・祖谷

區域的魅力度

自然散步
★★★★★
美食
★★★
伴手禮
★★

標準遊逛時間：3小時
小步危～大步危峽泛
舟～祖谷藤蔓橋

觀光詢問處

三好市まるごと
三好觀光戰略課
☎0883-72-7620

交通詢問處

JR阿波池田站
☎0883-72-0022
路線巴士
四國交通
☎0883-72-2171
四國交通阿波池田BT服務處
☎0883-72-1231
三好市營巴士
☎0883-72-7607
定期觀光巴士
四國交通阿波池田BT服務處
☎0883-72-1231

切穿四國正中央的
溪谷奇觀令人感動！

位於四國正中央位置的大步危、小步危，是座彷彿用刀深深切進四國山地造成的雄偉溪谷。遊樂方式多元，可以由上方俯瞰，也可以泛舟享樂。吉野川支流祖谷川上有座使用野生藤蔓編成的橋，可以試試膽量走過去。

HINT

前往大步危、小步危、祖谷的方法

前往大步危、小步危，需在土讚線小步危站或大步危站下車。也有由阿波池田站🚌1分可至的🚏池田搭乘四國交通巴士，到🚏大步危峽的方法。

前往祖谷則由大步危站搭乘三好市營巴士，在🚏大步危峽轉乘四國交通巴士至🚏かずら橋。

HINT

遊覽順序的小提示

如果要好好欣賞溪谷之美，則建議步行。大步危、小步危距離祖谷很遠，應集中一處遊逛比較好。遊逛大步危、小步危，以從小步危站步行到大步危站的國道旁路線為主；祖谷則是藤蔓橋和周邊的河畔散步行程。

四國真中千年物語

行駛於土讚線多度津站～大步危站之間的觀光特急列車。多度津站10:18發車、大步危站14:21發車，一天往返1班。共有3節車廂，全車皆為需購買對號座券的綠色車廂。僅限搭乘全區間時才能預約用餐（5600日圓～）。行駛時間為4月～9月的週一五六日、假日及10月～2月的週六日、假日。可至日本全國的綠色窗口、View Plaza等處購買。詳情請洽JR四國電話服務中心☎0570-00-4592。

觀賞&遊逛

大步危、小步危
おおぼけ・こぼけ

地圖p.161
大步危站🚃1小時30分至小步危站

　　發源自石鎚山的吉野川南北向切過四國山地形成的V字形溪谷。據說是由於不論大步走或小步走都很危險，因而得名。上游處為大步危，稍微下游處為小步危。深深的水潭、白色的岩石和周遭的樹木，構成了美麗的對比。尤其是春天的櫻花和岩石杜鵑、秋天的紅葉時期，更是美不勝收。

POINT
鴨隊長導覽／小步危站到大步危站之間的步道約6.5公里，可以沿著國道旁一邊俯瞰溪谷一邊健行。途中有展望台，也有可以下去溪谷的地方。

●大步危峽觀光遊覽船

「レストラン大步危峽まんなか」餐廳也經營觀光遊覽船，往返約30分。可以在船夫的解說下，享受四季不同風貌的溪谷。

地圖p.161
大步危站🚃20分至乘船處
☎0883-84-1211
　（レストラン大步危峽まんなか參考p.163）
📍三好市山城町西宇1520
🕘9:00～17:00，隨時航行
❌無休（水漲、強風、天候不佳時停航）
💴1200日圓　Ｐ100輛

大步危·小步危·祖谷

1:200,000
0　　　　　　5km

周邊廣域地圖 P.168-169

小步危 P.161

祖谷溪 P.161

大步危 P.161

祖谷藤蔓橋 P.162

妖怪屋與石頭博物館 P.161

大步危公路休息站 妖怪屋與石頭博物館
みちのえきおおぼけ ようかいやしきといしのはくぶつかん

地圖p.161
大步危站🚃15分

　　可以近距離觀賞大步危峽奇岩怪石的大步危公路休息站。最受歡迎的館內設施當屬以山城町當地傳說妖怪為主題的妖怪屋。另一個是石頭博物館，介紹在地質學上有價值的大步危峽形成歷史及其岩石，還有展示各種礦物與珍貴石頭。也有火星石頭、恐龍化石等。

☎0883-84-1489
📍三好市山城町上名1553-1　🕘9:00～17:00
❌3月～11月無休
　（12月～2月為週二，逢假日則翌日休）
💴600日圓(2館通用)　Ｐ54輛

祖谷藤蔓橋
いやのかずらばし

地圖p.161
大步危站搭往久保的🚌四國交通巴士約20分，♀かずら橋下車🚶3分

使用野生的軟棗獼猴桃編成，寬2公尺、長45公尺、高14公尺的吊橋，是日本三奇橋之一，也是國家重要有形民俗文化財。從腳下的原木之間可以看到下方的水面，驚險萬分。只要有人走上去整座橋就會上下搖晃，風一吹就會左右搖晃，讓人心生恐懼。V字形溪谷四季各有不同的美麗景觀，尤其是紅葉時期更是絕景當前。

🎵 0883-76-0877(三好市觀光服務處)
📍 三好市西祖谷山村善德162-2
🕐 4月～6月8:00～18:00
　　7月～8月7:30～18:30
　　9月～3月8:00～17:00
休 無休　💴 550日圓　🅿 293輛

奧祖谷
おくいや

地圖p.169-H
♀祖谷のかずら橋搭往久保的🚌四國交通巴士40分，♀久保下車，搭往劍山🚌市營巴士30分，♀二重かずら橋下車🚶即到

因屋島對戰中的平家落人傳說而聞名的東祖谷地區，是日本三大祕境之一。最裡面還有現存最古老的夫婦橋 ── 奧祖谷二重藤蔓橋（日出～日落／550日圓）。周邊還有分布在山腰斜坡上的聚落。其中又以位處最陡山坡地的落合集落以石牆、茅葺民宅和旱田等為一體，保有日本最古老的風景。搭乘奧祖谷觀光周遊單軌電車（8:30～15:30／週三休、12月～3月停止營運／2000日圓），可以一路玩到海拔1380公尺的地方。

🎵 0883-76-0877(三好市觀光服務處)
🎵 090-7781-5828(單軌電車站舍)　📍 三好市東祖谷菅生620　🕐 二重藤蔓橋　4月～6月9:00～17:00　7月～8月8:00～18:00　9月～11月9:00～17:00　12月～3月休業　🅿 30輛(二重藤蔓橋)

TEKU TEKU COLUMN

驚險刺激！平家落人傳說之橋

竄逃的平家餘黨，也有部分人士逃至遠離人煙的祖谷地區。據說平國盛在屋島對戰中落敗後，擁安德天皇到了祖谷溪。奧祖谷二重藤蔓橋位於祖谷藤蔓橋越過隘口後，再向深山開車約40分鐘可至的地方。此為平家一族為了往返劍山山頂附近的馬場訓練部隊而架設，之所以使用藤蔓編橋，是因為追兵來時可以隨時斷橋求生。

長約45公尺的男橋與長約20公尺的女橋平行架設，又名為「夫婦橋」。以約10公

分角材每隔30公分綁成的架橋，在幽谷氛圍下搖擺的感覺更加強烈。在女橋上游處，以手拉繩索前進的「野猿」（似流籠的纜車）同樣驚險刺激。

美食&購物

將手工蒟蒻、田舍豆腐、馬鈴薯等以竹串串起，抹上柚子味噌後以炭火烤得香噴噴的小薯串350日圓。也可以入內用餐，但下到祖谷川邊坐下來吃也別有風味。另有鹽烤石川鮭魚600日圓、祖谷蕎麥麵600日圓等。

☎ 0883-87-2009
📍 三好市西祖谷山村善德9-3
🕐 8:00～17:00
休 無休
💰 祖谷蕎麥麵800日圓～
🅿 17輛

大步危／餐廳

レストラン大步危峽まんなか

れすらんおおぼけきょうまんなか

地圖p.161
大步危站🚶20分

　位於大步危峽觀光遊覽船乘船處的汽車休息站。也有附設販售伴手禮的商店。寬敞的食堂內有大約100個座位。可以用划算的價格吃到活用當令食材製成的料理。

☎ 0883-84-1211
📍 三好市山城町西宇1520
🕐 9:00～17:00
休 無休
💰 午餐650日圓～
🅿 100輛

祖谷／小薯串

祖谷いこい食堂

いやいこいしょくどう

地圖p.161
♀かずら橋🚶7分

☎ 0883-87-2840
📍 三好市西祖谷山村善德166
🕐 8:00～17:00
休 不定休
💰 小薯串350日圓～
🅿 無

祖谷／祖谷蕎麥麵

清流のそば処 祖谷美人

せいりゅうのそばどころ いやびじん

地圖p.161
大步危站搭往久保的🚌四國交通巴士約15分，♀祖谷美人下車🚶即到

　提供據說是平家逃亡者開發的祖谷蕎麥麵和鹽烤石川鮭魚等鄉土料理，蕎麥麵從磨粉到製麵都是自製的。附設溫泉旅館，可以在陽台上眺望溪谷享用美食。

祖谷／鄉土伴手禮

藤蔓橋夢舞台

かずらばしゆめぶたい

地圖p.161
藤蔓橋🚶7分

　也有附設祖谷溪特產品商店、供應祖谷蕎麥麵等祖谷名產料理的食堂。人氣美食有祖谷平家蕎麥麵、鹽烤石川鮭魚、田樂串燒、霜淇淋等。

☎ 0883-87-2200
📍 三好市西祖谷山村今久保345-1
🕐 9:00～18:00
　（12月～3月為～17:00）
休 無休　🅿 293輛

大步危・小步危・祖谷

住宿指南

新祖谷溫泉飯店蔓橋	☎0883-87-2171／地圖：p.161／1泊2食17600日圓～ ●搭電纜車上去的天空露天浴池可將周圍四季風光盡收眼底。
大步危峽觀光溫泉飯店	☎0883-84-1216／地圖：p.161／1泊2食17500日圓～ ●能眺望大步危峽。山菜、河魚料理、山豬火鍋等季節料理也很吸引人。
和之宿飯店祖谷溫泉	☎0883-75-2311／地圖：p.161／1泊2食19950日圓～ ●可以搭電纜車前往源泉放流的露天浴池。

脇町 地圖 p.168-E

わきまち

在吉野川中游闢建的脇町，在江戶至昭和時代初期是以藍染盛極一時的商人之都。南町通一帶至今仍看得到有著氣派山牆的住宅林立。緬懷著舊時的繁華，在鎮上愜意地四處遊逛吧。

01 參觀10分鐘

脇町劇場 オデオン座

建於1934（昭和9）年的劇場，戰後曾有一段時間變成了電影院。作為山田洋次執導的《抓住彩虹的男人》電影舞台而聞名，也因此修復為興建當時的模樣。可以參觀直徑約6公尺的迴轉舞台，以及花道、鶴鶉座、舞台下的通道等。

♪0883-52-3807
⏰9:00～17:00
🚫週二
💰200日圓

02 遊逛2小時

山牆的街區

在南町通上狹窄的道路兩側，留有許多擁有氣派山牆的房舍，藍染商人的豪宅處處皆是。山牆是指從住宅2樓的窗戶往外凸出的灰泥防火牆。由於建築費用十分高昂，不知不覺地氣派山牆就成為財富的象徵。

♪0883-53-8599
（美馬市觀光局）
⏰自由散步

大推薦！

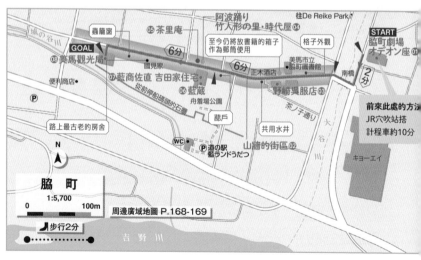

往De Reike Park

阿波踊り
竹人形の里・時代屋 04

蟲籠窗

05 茶里庵

格子外觀

START
脇町劇場
オデオン座 01

GOAL

08 美馬觀光局

至今仍將放書籍的箱子作為郵筒使用

6分

6分

國見家

便利商店

07 藍商佐直 吉田家住宅

06 藍藏

舟着場公園

蔵戶

美馬市立
脇町圖書館

正木酒店

南橋

2分

野崎吳服店 03

茶ノ子溝り

路上最古老的房舍

從前停船碼頭的石牆

共用水井

山牆的街區 02

WC

道の駅
藍ランドうだつ

大谷川

前來此處的方法
JR穴吹站搭
計程車約10分

キョーエイ

N

脇町
1:5,700
0 ─── 100m

周邊廣域地圖 P.168-169

♪步行2分

吉野川

03

藍染手巾 1000 日圓左右〜

野崎吳服店

1855（安政2）年創業。是山牆建築林立的鎮上最古老的和服店。販售藍染布料、手巾等精緻小物商品，不妨順道進去看看。

☎0883-52-2101
🕐10:00〜18:00
休週一

04

竹藝1000日圓〜

阿波踊り竹人形の里・時代屋

販售店主巧妙使用五三竹做的阿波舞人偶，以及使用黑竹做的鈴蟲等。還可以參觀作業光景。

☎0883-53-1015
🕐9:30〜15:30
休週二、五

05

蕎麥米粥套餐 1080 日圓

茶里庵
さりあん

將大正時代商人住宅改裝而成的咖啡餐廳。加了阿波尾雞和蝦米的鄉土料理「蕎麥米粥」很受歡迎。

☎ 0883-53-8065 ／🕐10:00〜17:00 ／休不定休

06

藍染手巾等

藍蔵
あいぐら

將吉田家住宅舊倉庫改裝而成的公路休息站。1樓販售阿波的特產品和伴手禮等。2樓則是咖啡廳。

☎ 0883-53-2333
🕐9:00〜17:00
休12/27〜1/1

遊覽順序的小提示

HINT

遊逛的起點是脇町劇場オデオン座。JR穴吹站發車的巴士班次少，以搭計程車為宜。オデオン座前的大谷川旁有許多柳樹。在南橋可拍照留念！

07

參觀10分鐘

藍商佐直 吉田家住宅
あいしょうさなお よしだけじゅうたく

1792（寬政4）年創業的藍染商，屋號「佐直」的豪宅。廣大的占地內蓋有母屋、典當品倉庫和中倉庫

☎ 0883-53-0960
🕐9:00〜17:00（最後入館為16:30）
休無休 ￥510日圓

等，後方還有藍染倉庫和有屋頂的停船碼頭等。

08

參觀10分鐘

美馬觀光局

位於街區西端的本瓦屋頂洋樓風格建築，在明治時代是脇町稅務署。如今是美馬市的觀光綜合服務

☎ 0883-53-8599
🕐9:00〜18:00
休無休 ￥免費

處，可以在此申請義工導覽，還可以參觀美馬和傘的製作過程或參與體驗。

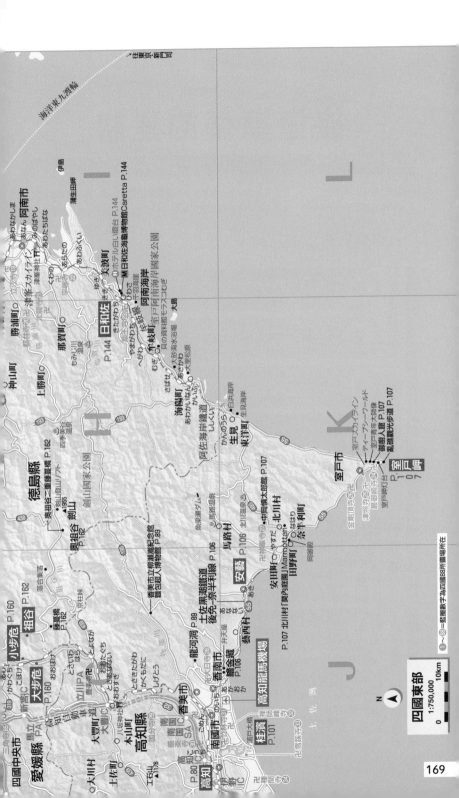

四國東部

Follow Me 人人遊日本

旅遊準備的建議

前往四國的方法

四國門戶是松山、高知、德島、高松等各個都市，由東京都可搭飛機抵達。關西一帶以搭乘高速巴士前往最便宜又方便。搭火車時，由岡山轉乘開往各都市的快速或特急列車，經瀨戶大橋進入四國。

往松山

東京出發

東京(羽田)→松山
交通工具：ANA、JAL ①1小時30分 ¥39000日圓（一般時期）♪全日空0570-029-222／日本航空0570-025-071 ●特惠價8000日圓～。松山機場到松山市站搭巴士24分、690日圓

東京→松山
交通工具：新幹線「希望」、特急「潮風」①共6小時3～45分 ¥共20470日圓～ ♪JR東日詢問中心050-2016-1600 JR四國電話服務中心0570-00-4592 ●在岡山站轉乘

大阪出發

大阪(伊丹)→松山
交通工具：ANA、JAL ①50～55分 ¥21900日圓（一般時期）♪全日空0570-029-222／日本航空0570-025-071 ●伊丹出發，特惠價7900日圓～。松山機場到松山市站搭巴士24分、690日圓

新大阪→松山
交通工具：新幹線「希望」、特急「潮風」①共3小時31分～4小時13分 ¥共11300日圓 ♪JR西日本旅客中心0570-00-2486 JR四國電話服務中心0570-00-4592 ●在岡山站轉乘，潮風號為1小時1班

大阪→松山
交通工具：高速巴士「オレンジライナーえひめ」號 ①5小時5分～7小時10分 ¥6000日圓 ♪阪急巴士預約中心0570-089-006 ●阪急三番街發車。1天9班，其中夜車2班。經大街道抵達松山市站

廣島出發

廣島→松山
交通工具：高速巴士「しまなみライナー」、JR特急或普通 ①共3小時25分～4小時37分 ¥共3800日圓～ ♪廣交觀光082-238-3344 ●在今治站轉乘，有些車次普通比較快。しまなみライナー在紙屋町的廣島BC發車

廣島港→松山觀光港
①1小時8～17分、7800日圓（高速船）①2小時40分、4500日圓（渡輪）♪瀨戶內海汽船、石崎汽船082-253-1212 ●廣島港發船，經吳抵達松山觀光港。從廣島以西前來的話很方便

往高知

東京出發

東京(羽田)→高知
交通工具：ANA、JAL ①1小時30分 ¥38590日圓（一般時期）♪全日空0570-029-222／日本航空0570-025-071 ●特惠價10990日圓～。高知機場到高知站搭巴士25分、740日圓

東京→高知
交通工具：新幹線「希望」、特急「南風」①共5小時54分～6小時20分 ¥共19170日圓～ ♪JR東日詢問中心050-2016-1600 JR四國電話服務中心0570-00-4592 ●在岡山站轉乘，南風號為1小時1班

大阪出發

大阪(伊丹)→高知
交通工具：ANA ①45分 ¥20560日圓（一般時期）♪全日空0570-029-222 ●特惠價9900日圓～。高知機場到高知站搭巴士25分、740日圓

往高知	大阪出發	🚃 新大阪→高知　交通工具：新幹線「希望」等、特急「南風」 ⏱共3小時22～46分 💴共9850日圓～　♪ JR西日本旅客中心0570-00-2486　JR四國電話服務中心0570-00-4592　●在岡山站轉乘，南風號為1小時1班
		🚌 阪急梅田→高知　交通工具：高速巴士「よさこい」號 ⏱4小時48分～7小時13分 💴6300日圓　♪ 阪急巴士預約中心0570-089-006　●阪急三番街發車。1天10班，其中夜車2班
	福岡出發	🚃 博多→高知　交通工具：新幹線「希望」等、特急「南風」 ⏱共4小時19～57分 💴共16220日圓～　♪ JR西日本旅客中心0570-00-2486　JR四國電話服務中心0570-00-4592　●在岡山站轉乘，南風號為1小時1班
往德島	東京出發	✈ 東京(羽田)→德島　交通工具：ANA、JAL ⏱1小時20分 💴36590日圓（一般時期）♪ 全日空0570-029-222／日本航空0570-025-071　●特惠價10100日圓～。機場到德島站搭巴士28分、600日圓
		🚃 東京→德島　交通工具：新幹線、快速Marine Liner、高德線特急 ⏱共5小時34分～6小時4分 💴共19400日圓～　♪ JR東日本詢問中心050-2016-1600　JR四國電話服務中心0570-00-4592　●在岡山、高松轉乘
	大阪出發	🚌 大阪→德島　交通工具：高速巴士大阪～德島線等班次很多 ⏱3小時 💴3800日圓　♪ 阪急巴士預約中心0570-089-006　南海高速巴士06-6643-1007等　●阪急三番街、難波BT發抵，1小時1～2班
		🚃 新大阪→德島　交通工具：新幹線、快速Marine Liner、高德線特急 ⏱共2小時55分～3小時31分 💴共9770日圓～　♪ JR西日本旅客中心0570-00-2486　JR四國電話服務中心0570-00-4592　●在岡山、高松轉乘
往高松	東京出發	✈ 東京(羽田)→高松　交通工具：ANA、JAL ⏱1小時20分～25分 💴36670日圓（一般時期）♪ 全日空0570-029-222／日本航空0570-025-071　●特惠價11070日圓～。機場到高松站搭巴士45分、1000日圓
		🚃 東京→高松　交通工具：新幹線「希望」、快速Marine Liner ⏱共4小時25～51分 💴共17470日圓　♪ JR東日本詢問中心050-2016-1600　JR四國電話服務中心0570-00-4592　●在岡山轉乘快速
		🚃 東京→高松　交通工具：寢台特急「日出瀨戶」號 ⏱9小時27分 💴21440日圓（B寢台Solo）♪ JR西日本旅客中心0570-00-2486　JR四國電話服務中心0570-00-4592　●東京直達的寢台特急
	大阪出發	🚃 新大阪→高松　交通工具：新幹線「希望」、快速Marine Liner、特急「渦潮」 ⏱共1小時52分～2小時15分 💴共7250日圓～　♪ JR西日本旅客中心0570-00-2486　JR四國電話服務中心0570-00-4592　●在岡山轉乘快速、特急
		🚌 大阪→高松　交通工具：高速巴士「高松エクスプレス大阪」號 ⏱3小時35分～38分 💴4100日圓～　♪ 西日本JR巴士0570-00-2424　阪急巴士預約中心0570-089-006　●大阪站發車、阪急三番街發車，1小時2班左右

旅遊準備的建議

在四國內移動要搭巴士？火車？

想在四國都市之間移動，搭火車或巴士都可以。比較方便的是高速巴士，有直達班次在各城市之間往返，車資也比火車（搭特急時）便宜。大部分的班車都是採事先預約制。有時會受到旺季時塞車、天候的影響而誤點。

搭火車移動時，高松有直達各都市的特急列車，但是松山往高知及德島、高知往德島等等就沒有直達列車，都需要轉乘。另一方面，火車比較少誤點，轉乘路線巴士會讓人放心一些。

HINT

方便四國之旅使用的JR划算車票

大多數在四國使用的划算車票主要在當地發售。到四國的往返除了搭JR之外，還有優惠機票、搭高速巴士、搭船等方式，這些票券在當地購買即可。
●詢問處　JR四國 ☎0570-00-4592　http://www.jr-shikoku.co.jp/

四萬十、宇和海自由票（單程型自由座）

由高知到中村～宿毛之間搭乘JR線和土佐黑潮鐵道、宿毛到宇和島搭宇和島巴士、宇和島到松山搭乘JR線移動的單程車票。窪川～宇和島途中可以自由下車，也可以由松山前往高知。鐵道方面可以搭乘特急的自由座，松山～宇和島、高知～窪川之間也有可以搭乘對號座的票種。途中可以選擇經過小火車（需另加指定券530日圓）運行的JR予土線而不經中村或宿毛。

●車票的價格　5040日圓（自由座）／4天期間有效
〈個別購買的例子〉※使用特急自由座的價格。
高知～中村～宿毛（巴士）～宇和島～松山＝9600日圓。高知～窪川～經予土線宇和島～松山＝7270日圓。

▼可以安排這種旅程…
由高知到中村、四萬十川再加上松山，是遊逛高知、愛媛主要景點最適合的車票。如果要再前往足摺岬，這種票再加上中村～足摺岬的巴士車資，還是比全程單買乘車券便宜不少。

四萬十、宇和海自由票（全線自由上下車）

窪川到中村～宿毛之間土佐黑潮鐵道、宿毛到宇和島的宇和島巴士、窪川～宇和島的予土線（小火車需加指定券530日圓）都可以自由上下車。鐵道部分亦可搭乘特急的自由座。

●車票的價格　3760日圓／3天期間有效
〈個別購買的例子〉※使用特急自由座的價格。
窪川～中村＝1530日圓。窪川～宿毛＝2260日圓。宿毛（巴士）～宇和島＝1850日圓。
※小火車為期間限定行駛，年年有所變動（參考

p.121）。

琴電、JR輕鬆搭乘票

遊逛香川縣內主要觀光地時很方便的車票。JR予讚線、土讚線的高松～多度津～琴平、高德線的高松～志度之間，琴電全線的普通列車都可以自由上下車。若要搭特急則需要購買特急券。

●車票的價格　2000日圓／1天期間有效
〈個別購買的例子〉※使用特急自由座的價格。
高松～琴平＝1200日圓。

▼可以安排這種旅程…
以高松為起點時，可以上午去參拜金比羅神、下午造訪善通寺或丸龜城，規劃這類小旅行時很方便。此外，亦可用於沿線的著名烏龍麵店巡禮之旅。

四國自由票

包含特急自由座在內四國的JR全線都可以自由上下車。也可以搭窪川～若井之間的土佐黑潮鐵道普通列車。

●車票的價格　16440日圓／3天期間有效
〈個別購買的例子〉※使用特急自由座的價格。
高松～松山＝5760日圓。高松～高知＝4990日圓。松山～高知（中途轉乘）＝9390日圓。

▼可以安排這種旅程…
就有天數期限的狀況而言，幾乎都是不繞四國全縣一圈的話就無法回本。適合想搭特急列車在四國進行短程大範圍旅遊的人。

四國Green紀行

四國的JR全線（日出瀨戶與JR四國巴士的高速巴士除外）和土佐黑潮鐵道全線，包含特急綠色車廂在內都可以自由上下車。無綠色車

主要票種的自由上下車範圍

今治
松山
伊予大洲
内子
四萬十、宇和海
自由票
（全線自由上下車）
宇和島
窪川
土佐黑潮鐵道
宿毛
中村
若井

宇多津　高松
多度津　栗林公園北口
琴平
阿波池田
穴吹
（脇町）　鳴門
大步危
高知　御免　德島
土佐黑潮鐵道
安藝　阿佐海岸鐵道
魚梁瀨　日和佐
奈半利　海部
甲浦
室戶

———— JR・土佐黑潮鐵道
- - - - 巴士

廂的特急列車也可以使用對號座。

●**車票的價格** 20950日圓／4天期間有效

〈**個別購買的例子**〉※使用特急綠色車廂的價格。

高松～松山＝9040日圓。高松～高知＝7450日圓。高知～中村＝6340日圓。

週末自由搭乘票

週六日、假日和補假日、12月31日、1月2、3日，包含特急自由席在內四國的JR全線都可以自由上下車。也可以搭乘JR巴士和窪川～若井的土佐黑潮鐵道。

●**車票的價格** 10460日圓／1天期間有效

四國再發現早鳥票

四國JR線全線（JR高速巴士除外）和土佐黑潮鐵道的窪川～若井之間，可以自由搭乘快速和普通列車自由座的票種。也能搭乘JR巴士（土佐山田～大栃為松山高知急行線）。到使用日的前一天為止都可以購買。

●**車票的價格** 2100日圓／只在指定日期有效（可在週六日、假日和補假日使用）

松山觀光票

岡山發車的自由車票。自由周遊區間為JR予讚線的松山～向井原～內子的區間，包含特急自由座在內都可以自由上下車。適合松山內子觀光的方便車票。

●**車票的價格** 8200日圓／4天期間有效

●**販售地**／岡山、福山地區的主要車站以及旅行社

高知觀光票

岡山發車的自由車票。自由周遊區間為JR土讚線的土佐山田～後免～高知～伊野的區間，包含特急自由座在內都可以自由上下車。適合高知及其周邊觀光的方便車票。

●**車票的價格** 6600日圓／4天期間有效

●**販售地**／岡山、福山地區的主要車站以及旅行社

HINT

搭乘定期觀光巴士

四國的定期觀光巴士行駛於大眾運輸稍嫌不便的四萬十、足摺地區與祖谷溪。此外，還有以讚岐烏龍麵店巡禮為主題的行程在高松發車。

目前沒有以松山及高知等都市觀光地為主的定期觀光巴士，所以這方面請善加利用繞行市區觀光地的循環巴士等。

●此為2022年時的資訊。行駛期間、行程、費用可能會變動。除非有特別說明，否則費用部分一概不含觀光設施的入場費、餐費、乘船費、住宿費等，請多加留意。

行程名稱	觀光行程	行駛期間	費用	備註
暢遊四萬十的當天來回半日行程 高知西南交通 ♪0880-34-6221	土佐黑潮鐵道中村站（13:30發車）→蜻蜓自然公園、四萬十川學遊館（約55分）→搭乘四萬十川屋形船（約70分）→經四萬十市役所→中村站（16:35抵達）	週六日、假日（黃金週、春假、暑假、過年期間為每天行駛）	1500日圓	部分有折扣等優惠。需4天前申請
環遊四萬十、足摺的當天來回一日行程 高知西南交通 ♪0880-34-6221	新皇家飯店四萬十、四萬十市役所（7:35發車）→中村站（7:45發車）→足摺岬導覽行程（9:00～約65分）→約翰萬次郎資料館（約40分）→龍串海中公園（搭玻璃船前往見殘海岸）或足摺海底館與足摺海洋館二選一、レスト竜串（午餐自理，約85分）→柏島（約30分）→大月公路休息站（約25分）→宿毛站（15:10抵達）→宿毛歷史館（約45分）→中村站（16:40抵達）→四萬十市役所、新皇家飯店四萬十（16:50抵達）		3800日圓	部分有折扣等優惠。需4天前申請
讚岐烏龍麵美味饗宴巡禮週二上午行程 琴參巴士 ♪087-851-3155	JR高松站9號搭車處（9:25發車）→高松麗嘉酒店ZEST（9:30發車）→五番町（9:32發車）→綾川站（10:06發車）→山越うどん（約30分）→さぬき麵業松波店（約40分）→栗林公園（12:17左右抵達）→五番町（12:23左右抵達）→高松東急REIホテル（12:25左右抵達）→JR高松站（12:30抵達）	週二	2000日圓	
讚岐烏龍麵美味饗宴巡禮週二下午行程 琴參巴士 ♪087-851-3155	JR高松站9號搭車處（13:00發車）→高松麗嘉酒店ZEST（13:05發車）→五番町（13:07發車）→わら家（約35分）→步行10分→屋島山上（停留10分）→うどん本陣山田家本店（約50分）→五番町（16:43左右抵達）→高松東急REIホテル（16:45左右抵達）→JR高松站（16:50左右抵達）	週二	2000日圓	
讚岐烏龍麵美味饗宴巡禮週六、假日行程 琴參巴士 ♪087-851-3155	JR高松站9號搭車處（9:25發車）→高松麗嘉酒店ZEST（9:30發車）→五番町（9:32發車）→山越うどん（約40分）→金刀比羅宮散步、參拜（約140分）→長田in香の香（約45分）→五番町（16:08左右抵達）→高松東急REIホテル（16:10左右抵達）→JR高松站（16:15抵達）	週六、假日	3000日圓	
大步危、祖谷祕境之旅 四國交通 ♪0883-72-1231	JR阿波池田站（10:30）→阿波池田巴士總站（10:40）→平家屋敷（11:25～11:50）→鄉土料理午餐（12:05～12:50）→藤蔓橋（13:00～13:30）→小便小僧（13:50～14:00）→大步危公路休息站（14:35～15:05）→大步危峽泛舟（15:05～16:00）→西宇（預定16:05抵達）→JR阿波池田站（預定16:35抵達）→阿波池田巴士總站（預定16:40抵達） ●含午餐費、祖谷藤蔓橋入場費、平家屋敷入場費、遊覽船乘船費。（若遊覽船停航會退乘船費）	4月～11月的週六日、假日	8800日圓	

索引

索引

175

國家圖書館出版品預行編目資料

四國／實業之日本社BlueGuide編輯部作；
人人出版編輯部翻譯. -- 修訂第四版. --
新北市：人人出版股份有限公司，2023.09
面；公分. --（Follow Me. 人人遊日本；21）
ISBN 978-986-461-349-6（平裝）

1.CST：旅遊　2.CST：日本四國

731.7709　　　　　　　　　112013024

Follow Me
人人遊日本

四國

MAP─人人遊日本（21）修訂第四版
作者／實業之日本社BlueGuide編輯部
翻譯／人人出版編輯部
編輯／蔣詩綺
發行人／周元白
出版者／人人出版股份有限公司
地址／23145新北市新店區寶橋路235巷6弄6號7樓
電話／（02）2918-3366（代表號）
傳真／（02）2914-0000
網址／http://www.jjp.com.tw
郵政劃撥帳號／16402311 人人出版股份有限公司
製版印刷／長城製版印刷股份有限公司
電話／（02）2918-3366（代表號）
香港經銷商／一代匯集
電話／（852）2783-8102
第一版第一刷／2009年4月
修訂第四版第一刷／2023年9月
定價／新台幣360元
　　　　港幣120元

Blue Guide・Tekuteku Aruki 23 Shikoku
Copyright © 2022 by Blue Guide Editorial Department
First published in Japan in 2022 by Jitsugyo no Nihon Sha, Ltd., Tokyo
Traditional Chinese translation rights arranged with Jitsugyo no Nihon Sha, Ltd.
through Japan Foreign-Rights Centre/Bardon-Chinese Media Agency